被低估的时代 隋朝治世

红悦 ◎ 著

隋末唐初风起云涌，枭雄英雄粉墨登场，励精图治形成开皇之治，建功立业开启辉煌时代。

民主与建设出版社
·北京·

©民主与建设出版社，2020

图书在版编目（CIP）数据

被低估的时代：隋朝治世 / 红悦著. — 北京：民主与建设出版社，2020.10
 ISBN 978-7-5139-3241-7

Ⅰ. ①被… Ⅱ. ①红… Ⅲ. ①中国历史—隋代—通俗读物 Ⅳ. ①K241.09

中国版本图书馆 CIP 数据核字（2020）第193837号

被低估的时代：隋朝治世
BEI DIGU DE SHIDAI: SUICHAO ZHISHI

著　　者	红　悦
责任编辑	王　颂
封面设计	张合涛
出版发行	民主与建设出版社有限责任公司
电　　话	（010）59417747　59419778
社　　址	北京市海淀区西三环中路10号望海楼E座7层
邮　　编	100142
印　　刷	三河市腾飞印务有限公司
版　　次	2020年11月第1版
印　　次	2020年11月第1次印刷
开　　本	880毫米×1230毫米　1/32
印　　张	8
字　　数	121千字
书　　号	ISBN 978-7-5139-3241-7
定　　价	36.00元

注：如有印、装质量问题，请与出版社联系。

代 序

驿外断桥开无主，
犹有寒枝匿傲骨。
一夜东风过洛阳，
万丈红雪压帝都。

  我们似乎处于一种惯性，谈华夏历史只言汉唐。然而我们忘了，萧规曹随，汉承秦制。大唐的繁荣富强，也是因为站在了隋朝这个巨人的肩膀上。隋富，奠定了日后的唐强。
  在西方人眼中，隋朝是中国举足轻重的一个时代。在外国人所著的《影响世界的100个人》中，隋文帝当之无愧地上榜，而唐太宗李世民却落选。我们历来歌颂的"千古一帝"，如嬴政、如刘彻、如成吉思汗，都是因为他们在位时武功显著，开疆拓土使得国家强大，这是东方人对"强人政治"的一种原始崇拜。而隋文帝的伟大则在于不仅结束了魏晋以来的分裂局面，统一了中国，还创立了许多被沿用千年的制度："五刑制""三省六部分权制""科举选官制"……

许多制度经过演变、吸收和改进，至今还深深影响着现在全世界百姓的生活。通过考试选拔人才的科举制度甚至被称为中国的第五大发明。这种顶层设计式的功勋，是属于全人类的。

隋朝，是一个被遗忘的盛世，也是一个英雄辈出的时代。

本书从文化、科技、制度、军事几个方面还原了那个昙花一现的朝代盛况。每一章分为十个部分，每个部分都是一个独立的故事，却又前后关联，形成一个整体，不流于散乱。每个章节后还有后话点评，帮助读者总结和思考。文笔简练幽默，让历史回归生活。

目　录

第一章　天下归仁　/ 1
一、翩翩少年　1
二、第一岳父　7
三、名门结合　11
四、大地王者　16
五、天降帝位　21
六、江山初定　26
七、千秋创举　30
八、攘外安内　35
九、风云朝夕　39
十、后庭遗曲　44

第二章　江山人才　/ 50

　　一、死于言祸　50

　　二、擒虎猛将　56

　　三、法不畏死　62

　　四、神机妙算　67

　　五、忠良被害　73

　　六、大隋名儒　80

　　七、天文学家　86

　　八、少年才子　90

　　九、丹青妙手　95

　　十、大地文章　99

第三章　山河壮丽　/ 106

　　一、开皇之治　106

　　二、南越木兰　111

　　三、影帝杨广　116

　　四、东宫之变　121

　　五、太子夺位　125

　　六、手足相煎　131

　　七、巧胜契丹　136

八、威加海内 **140**

九、再走西域 **145**

十、大江大河 **150**

第四章 峰烟再起 / **155**

一、皇帝新装 **155**

二、昏君贤后 **160**

三、再起兵戈 **164**

四、雁门遇险 **169**

五、身死人手 **173**

六、傀儡皇帝 **178**

七、江淮义军 **183**

八、河北之师 **187**

九、乱世奸雄 **192**

十、异军突起 **197**

第五章 折戟沉沙 / **203**

一、中途易辙 **203**

二、劝父起兵 **208**

三、李渊称帝 **213**

四、攻陷洛阳 **218**

五、死里逃生 *222*

六、瓦岗之痛 *227*

七、李密反唐 *232*

八、江山一统 *236*

九、退击突厥 *240*

十、太宗登基 *243*

第一章　天下归仁

一、翩翩少年

黄帝画野，始分都邑；夏禹治水，初奠山川。

自始皇一统，到东汉末年，神州龟裂。历经三国，天下归晋。然八王之乱后，中途易辙。316年，西晋灭。异族入主中原，立十六国，史称"五胡乱华"。晋室南渡，偏安江南。420年，刘裕建宋，东晋灭。分合代谢，凡一百五十六年。

从此，中国就进入了今天你打我，明天我打你，战火纷乱的南北朝时代。

故事要从一个"帅哥"说起。

时势造英雄，独孤信就这样在命运的安排下，走向了历史的前台。当时天下大乱，本来盘踞于黑龙江和嫩江流域大兴安岭附近，游牧而生的鲜卑拓跋部决定改善一下生存环境，于是逐渐西迁，到漠北扎根了一段时间后又南下到了云中（今内蒙古托克托）一带，最后把根据地建在了盛乐（今内蒙古和林格尔）。公元四世纪末期，北方鲜卑拓跋部联合其他部落重建了代国，后来又改国号为魏，历史上叫做北魏。

北魏最初一共有四十六个部落，独孤信所在的独孤部落当时势力非常强大，许多同族名人都当上了皇亲国戚。独孤信的父母也是当朝显贵，他的父亲独孤库当过部落酋长，史书上说他骁勇善战，又讲义气，是个称职的好大哥，一度成为北镇老百姓的偶像。天时地利人和，这么好的基因，自然不会诞出什么俗骨凡胎。独孤信出生在草原上，本名独孤如愿，字期弥头。如愿公子天生一副好皮囊，长得俊秀英伟，是历史上著名的美男子之一，武功又高强，骑马射箭各项全能。史称"美仪容，善骑射"。

当时统领北魏各部落的首领就是历史上大名鼎鼎的北魏孝文帝拓跋宏。拓跋宏幼年丧母，由汉人出身的皇祖母文明太后抚养长大。在文明太后临朝执政期间，对北魏进行了一系列小范围的汉化改革。拓跋宏深受影响，从小就酷爱汉族文化，饱读经史子集。他登上皇位后，就拿自己的那套价值观来治国，开始大举改革，推广汉化教育，让上至王公大臣，下至黎民百庶，都来学习汉文化，穿汉服，取汉姓，并鼓励鲜卑人和汉人联姻。

为了加速推进改革，孝文帝还专门下了一封诏书，要求将原先的鲜卑复姓改为汉族单姓，并模仿魏晋的门第制度对鲜卑贵族进行分姓定族，根据姓族等级高低授予不同的职位和特权。自此，皇族拓跋氏便改为了元氏，贺楼氏改为楼氏，独孤氏改为刘氏，步六孤氏改为陆氏……拓跋宏本人也改了一个汉名，叫"元宏"。

这场波及北魏政治、经济、文化、军事等领域，促进中国南北各民族大融合的改革运动，史称"太和改革"。

当然，彼时朝野内外也绝不是铁板一块，这场北魏的"新文化运动"最初遭到了许多保守贵族的抵制。于是这时北魏就分成了两派，一派人跟着拓跋宏坚持走改革的路线，另一派则固步自封，坚守着游牧民族的生活习惯，拒绝汉化。后来孝文帝以"南伐"为名迁都洛阳，并鼓励皇亲贵族和汉人名流联姻，经过礼乐教化后，建立了一套和汉族相仿的社会伦理纲常体系。拓跋宏锐意改革，不仅处死了守旧派的代表太子元恂，还请来汉族士族来参与统治，鼓励习惯了游牧的鲜卑百姓从事农业生产。这一派南迁的鲜卑族逐渐从野蛮落后的文化中蜕化出来，越来越强大，享受着改革带来的红利。而那些留守在北方的鲜卑族人境况却日趋恶化，在历史大潮流的涛叠浪涌中逐渐被淘汰。

独孤信家族就是鲜卑守旧派在北方留下来的贵族之一，并渐渐和《红楼梦》中的贾府一样家道中落。当地处于各少数民族领地的"三八线"上，所以擦枪走火更是家常便饭，许多原鲜卑士兵流落成"府户"（北魏边防诸镇所辖兵户），形同奴隶，经常被抓壮丁去参战，今天跟着甲部落去打乙部落，明天又跟着乙部落来打甲部落。正光五年（524年），百姓实在忍受不了这样打来打去的生活了，高平镇爆发了一场大起义。义军一路攻城拔寨，不久就把战火烧到了武川。武川当地豪强闻讯，赶紧招兵买马来抵御进攻，建立了一支宗乡百姓武装。

日后北周王朝的开拓者宇文泰就在这支平叛的队伍当中，独孤信也在这支屁颠屁颠的小武装里。这位帅哥将军横刀立马、九死一生，在队伍中的人气越来越高。将军百战死，壮士十年归。少年得志，建功立业，眼看独孤信就要平步青云，前途可期，此时却来了一场"六镇风暴"，将原本的丈夫伟业半路截胡。

孝文帝迁都洛阳后，留下了一系列改革遗留问题。原本驻守在北方六镇的贵族和将士薪资待遇远不如随孝文帝南迁的洛阳贵族，于是便纠集流民爆发了起义。

一时间义军兵势大盛，关陇和河北各族纷纷举兵响应，以摧枯拉朽之势直接加速了北魏日后的灭亡。而独孤信所在的这支靖难武装首领也被义军杀了，一下子群龙无首，队伍分崩离析，士兵们放下屠刀，各回各家各找各妈。

但是命运并没有就这样让独孤信这支潜力股从此一蹶不振，历史的剧本总是惊人的相似却又出其不意。队伍解散后独孤信跟着家人流浪到了定州（今河北定县），甫一安定，这里又爆发了起义。那个年代，起义就跟猫吃鱼、奥特曼打小怪兽一样见怪不怪。独孤信真是个起义达人，他走到哪里，起义就起到哪里。为了避免被揍，独孤信又加入了这支义军。这时他正是一位翩翩少年郎，荷尔蒙最嚣张的年纪，人长得帅，又"自修饰服章"，衣品挺好。所以军中送他一美号"孤独郎"。传说有一次独孤信外出打猎，回来时天色已晚，眼看城门就要关闭了，他于是跃马扬鞭，奋力回赶，冠帽也无意间微微倾斜。这时夕阳晚霞映天，众人看到这样一个俊美少年，尽皆感叹，以为是神仙下凡。第二天，城里就流行起了一种新装扮，满街的老少爷们儿都把帽子斜着戴，留下了"侧帽风流"的千古佳话。

北魏孝明帝年间，尔朱荣发动了"河阴之变"，攻陷洛阳，将皇帝皇后、王公大臣两千余人沉入黄河，另立了一个傀儡皇帝。后来尔朱荣又玩起了曹阿瞒"挟天子以令诸侯"的把戏，以大丞相之名正式掌握了国家实权，此时的北魏朝廷已然名存实亡。

独孤郎年少英勇，经常单枪匹马深入敌军腹地，完成一些高难度的任务。因此他也一路高升，先后被尔朱荣封为别将、先锋，后又迁为武卫将军。尔朱荣死后，高欢乱政。他在朝中经营多年，不断排除异己，笼络各地军阀，自立为帝的动机宛如司马昭之心。孝武帝暗中调集兵马，决定与高欢一战，可是军队却临终溃逃，孝武帝也只得投奔了宇文泰。这时独孤信的妻儿老小都在高欢的辖地之内，但是大义当头，又考虑到宇文泰是他的旧交，从小相从过密的好兄弟，于自己的发展前途有益。他于是毅然扬鞭入关，一人赶去援助孝武帝。孝武帝感动加感叹"板荡识忠臣"，赐他一匹御马，封为浮阳郡公。

动荡乱世不乏各取所需的墙头草，这宇文泰也不是什么善类，后来用一杯毒酒鸩杀了孝武帝，另立文帝，建立了西魏政权。独孤信效力西魏，东征西讨，最后成为了西魏八大柱国之一。官拜大司马，进封卫国公。

后话：

生于贵族，相貌英俊，但又绝不流于花瓶摆设。他虽是纨绔子弟，却也文武兼备，丰神俊逸。试想，夕阳下，旌旗浮动，一个翩翩少年郎横刀勒马的剪影，何其令人神往。比潘安多了一份大丈夫安邦定国的气魄，比卫玠更多了一副男儿心怀四方的壮阔。在命运抉择的关头，他权衡利弊，最后选择了西入关中，有自己的好朋友宇文泰相助，前途自然大道通天。英雄也罢，枭雄也罢，滚滚历史风尘终难掩其光华。

二、第一岳父

孝武帝西逃后,从此魏分东西。高欢拥立了一个傀儡皇帝孝静帝,自己却成为幕后操手。高欢和宇文泰都是木偶戏高手,以辅佐之名高居庙堂,不动声色,操纵天下。

独孤信风生水起之时,御兵之术也在一次次的战斗中得到锻炼,并日臻成熟。大统三年（537年）,当他进据洛阳时,曾经歌舞升平的北魏皇宫早已在兵燹肆虐之下变成了一片残垣断壁,处处荒草丛生,哀鸿遍野。独孤信便在这里建立起了自己的大本营,广招天下名士英豪。他东征西讨鲜有败北,自然名声在外,加上胸怀宽广,用人不拘一格,许多豪强和武装部队都纷纷赶来投奔。西魏的版图在独孤信的努力下,又增大了不少。

大统四年（538年）,独孤信被任命为陇右十一州大都督、秦州刺史,成为统领陇右的最高长官。刚开始接手陇右时,这里政绩败坏,豪强割据一方各自为政。又因为五方杂处各民族混居,流民匪寇时常作乱,这里一度成为是非之地。前面好几任官员都束手无策,独孤信却不着急,他心中自有谋划。在出台一系列陟罚臧否的措施之后,政府机器重新运转了起来。独孤信又以礼乐来教化老百姓,鼓励他们从事农桑。几年后,老百姓富足了,有吃的了,地方恶霸也慑于官府的威严，不敢打家劫舍。陇右这个昔日的动乱风暴眼一下子安全指数和幸福指数爆棚，许多附近州府的老百姓都纷纷赶来归附。独孤信猝不及防就火了，成为政治名人，一时声名远扬，史称为"信著遐迩"，所以宇文泰给他赐名"信"，独孤如愿也就这样变成了独孤信。

然而政治名人的代价是巨大的，他必须承受政坛波谲云诡所带来的风险。兔死狗烹鸟尽弓藏的例子历来不鲜。今天也许位极人臣，明天就有可能沦为阶下囚，一捧净土掩风流。独孤信才气太大，大得驰骋天下，屡战屡胜；独孤信名气太大，大得让贵为一国之主的宇文泰黯然失色。

梁武帝太清二年（548年）八月，东魏降将侯景勾结萧正德举兵叛乱，史称"侯景之乱"。由于南北朝时期大部分国家都是靠重臣僭伪夺权建立起来的，所以各个国君对大臣谋反这件事儿极为敏感。这时候，对独孤信嫉恨已久的东魏大臣魏收就趁此写了一篇《檄梁文》，在文中大肆渲染独孤信拥兵自重图谋不轨，说他"据陇右不从"。而如此拙劣的"反间计"，没想到竟然一棒子打中了宇文泰的软肋。权力就像一个可怕的魔咒，可以让一个素有卓识远谋的人突然变得耳昏目浊。执掌西魏大权后，宇文泰疑心越来越重，变得像个"被迫害妄想症"患者，看谁有点名气了都觉得他要造反。经过魏收这样一个神助攻，他对独孤信的猜忌日盛，马上就派自己的亲侄子宇文导去接替独孤信的职位，并且自己还亲自去陇右视察。

聪明敏锐的独孤信其实早就看出来了这个和自己一起长大的好兄弟的变化,还未及诏书下达,他便上书请辞。此举"深得上意"。最开始宇文泰当然假惺惺地不允,虽然心里早就敲锣打鼓放鞭炮庆祝了,但是碍于兄弟情面,他还是假装挽留了一番。刚好这时候独孤信的母亲去世了,独孤信再次请求辞官,回家去服丧守孝。一番推拉之后,宇文泰终于还是准许了。

到了魏恭帝时,西魏基本上就已经名存实亡了,宇文泰之心,路人皆知。按照中国历史的惯有剧本套路,宇文家族篡位那是迟早的事,但是宇文泰自己并不想落下弑君自立的千古骂名,所以秣马厉兵,只是为了给后代登上大宝铺平道路。这时候一个相当棘手的问题摆在了他面前,那就是立嗣。本来正妻冯翊公主给他生了一个嫡子宇文觉,但是他和姚夫人生了一个庶出长子宇文毓,尽管是长子,但是我们知道的,古人传位传嫡不传庶。但是这个宇文毓的妻子偏偏又是独孤信的长女,宇文泰担心如果立宇文觉为嗣,作为宇文毓外公的独孤信会生出异心而节外生枝。这一点让宇文泰着实头疼了很久。

苦于无计的宇文泰最后一拍巴掌,设计出了一场得以双全的绝妙好戏。他把满朝文武召集起来,故意装得很为难地说:"我想立嫡子宇文觉为嗣,但是又恐大司马独孤公多心,这可如何是好？"正在满朝大臣左右为难之际，尚书左仆射李远突然站出来解围，他说："自古以来立嗣都是立嫡子，这是天经地义的，独孤公如若不愿意，我立马斩了他！"说完拔刀而起。宇文泰佯怒而起，呵斥李远退下。独孤信看在眼里，心里明白这一切都是根据事先写好的剧本表演出来的，于是微笑而道："立嫡子为嗣，我并没有什么异议。"宇文泰一听大喜，机关算尽，心中的一块大石头终于落了下来。

不久宇文泰就在北巡途中不幸染上重病，弥留之际急召中山公宇文护，在泾州托孤。宇文泰死后，宇文觉继位，独孤信被封为太师、柱国、太冢宰。后来在堂兄宇文护的扶持下，宇文觉建立北周称王（后来周明帝宇文毓以"称王不足以威天下"为由，改称皇帝），西魏正式灭亡。

当时宇文觉才十五岁，朝内外一切大事都由宇文护独裁。宇文护上台后就开始清除异己，排挤那些对他的专权不满的人。朝中元老赵贵不满于宇文护的"一言堂"，于是找到独孤信，和他商讨如何除掉宇文护，不料被人告发。宇文护勃然大怒，将与此事有关联的人，除了独孤信全都满门抄斩。独孤信威望太高，宇文护不敢轻易下手，一个月后赐毒酒，让独孤信在家中自尽。

后来宇文觉被废，宇文护又立宇文泰的庶长子宇文毓为帝，追尊宇文毓的妻子，也就是独孤信的长女为北周明敬皇后。

独孤信为历史上著名的美男子，他的几个女儿也个个生得倾国倾城，长女被封为北周的明敬皇后，七女独孤伽罗嫁给隋文帝杨坚，被封为文献皇后，四女嫁给唐太宗李世民的祖父李昞，后被追封为元贞皇后。

后话：

独孤信一生精忠报国，并无二心。他既是北魏功臣，又是北周开国元勋，可惜还是逃不脱"飞鸟尽，良弓藏；狡兔死，走狗烹"的封建重臣宿命。历史规律发人深省，功成身退，方可保全自我。独孤信一门三皇后，贵为三朝国戚，这种奇迹亘古未有，真可谓"天下第一岳父"。

三、名门结合

在独孤信的军旅生涯中曾经有一位好战友——杨忠。

杨忠，字揜于（一种野兽的名称），传说有一次杨忠和宇文泰一起去狩猎，他徒手制服了一只野兽，还把它的舌头拔了，于是宇文泰就给他取了这个字。他还有一个特别萌的小名叫"奴奴"。在古代，名字里取个"奴"字，表示一种疼爱和希冀平安之意，就和现在的大毛二毛一样常见。比如辛弃疾的名句"斜阳草树，寻常巷陌，人道寄奴曾住"中的"寄奴"，就是南朝宋高祖武皇帝刘裕的小名。

然而杨奴奴却并没有享受到小名里希冀那样的平安，谁叫他生在了南北朝，生在了那个天天打架的时代。在他小的时候，在那个本该"郎骑竹马来，绕床弄青梅"的年纪，却突然爆发了著名的"六镇起义"。杨忠的父亲本来是北魏的宁远大将军，但是在战乱中被敌人杀了。成为孤儿的小奴奴混迹在难民中，跟着他们一起挖草根来煮，摘树叶来吃，过着颠沛流离的日子，不知不觉就流浪到了山东泰山。

本来以为就可以在这里安家落户了，南梁又突然出兵北魏，杨忠的落脚地刚好就处在交战区。就像战争之神缠上了他似的，他走到哪里，战火就烧到哪里。那场大战之后小奴奴便被军队掳到了江南，几年后又投奔北魏皇族子弟元颢，一起回到了当时的北魏京都洛阳。在他算不上漫长的人生中，不花钱就游遍了大半个南朝。

他出生在战火中，成长在战火中，又被元颢封为直阁将军，打仗最后竟然成了他的职业。

元颢本来是北魏的名臣，爵封北海王，后来因为与北魏的另外一位大臣尔朱荣人际关系处得不好，于是就跳槽来到了梁朝。梁武帝觉得这个人是个人才，就帮他另外建立了一个"魏国"。杨忠就在这支"伪军"当中，跟着元颢一起去打尔朱荣。不久，"伪军"就大败，元颢也在逃亡中送了人头。杨忠作为被俘敌将，本来是要被处死的，但是大将尔朱度律看到杨忠骨骼清奇，武功又好，非常欣赏他，就把他收到自己麾下当一名统军。

在这支军队里,杨忠遇到了他日后的生死之交独孤信。此时"独孤郎"在军中早已小有名气,人长得帅,又会打仗。杨忠就跟着他一起打打杀杀,建功立业。魏朝分裂后,杨忠和独孤信又跟着西魏一起去打东魏。东魏把荆州夺取后,荆州刺史贺拔胜逃到了梁朝。独孤信受命以康洛儿、杨忠、元长生三将为前锋,去突袭荆州。杨忠等人来到荆州城门下,大声呼喝:"我们天兵天将已经来了,你们城中还有我们的卧底内应,不想死的就赶快逃命吧!"

这种心理战术把本就是惊弓之鸟的东魏军士直接吓懵了,一时真真假假傻傻分不清楚,大家都不敢抵抗,放下兵器让独孤大军长驱直入。几个月后,东魏又派侯景、高敖曹两个以狡猾著称的大将前来攻城,独孤大军不久就败下阵来。眼看就要破城,独孤信和杨忠这对难兄难弟又一起弃城逃奔江南,重蹈贺拔胜的覆辙,投靠了梁武帝。对,就是那个出家四次后来又还俗了四次,并下旨开创了汉传佛教吃素传统的梁武帝萧衍。别的皇帝都三宫六院山珍海味,他当皇帝却不近女色不近荤腥,每一次出家,都被一帮大臣捐钱从寺庙中"赎回"。

梁武帝爱惜人才,对待投奔他的将士都非常友好,当成上宾来招待。独孤信和杨忠在梁国过了三年大鱼大肉"政治避难"的生活后,在贺拔胜的请求下,梁武帝又心甘情愿地把他们放回了西魏。梁武帝笃信佛教，为人极为宽厚，白吃白喝养了他们三年后，还亲自把他们送到南苑。贺拔胜对此非常感动，从此以后，只要看到南归的鸟儿，都命令手下不准射杀。

贺拔胜、独孤信和杨忠真是吉人天相，在受到梁武帝礼遇后，回朝又受到西魏的嘉奖。西魏皇帝不但没有责怪他们弃城叛国，反而对他们加官进爵。杨忠从小跟着元颢一起打尔朱荣，然后又跟着西魏一起打东魏，后来跟着梁武帝一起打其他少数民族。这样打来打去终于有了结果，杨忠从奴隶熬到了将军，再也不用跑龙套了。回西魏后，宇文泰见杨忠长得好看，是个美髯公，于是就把他留在身边当小弟。果然颜值决定待遇。

和拓跋宏的极力汉化相反，宇文泰大力推行鲜卑化，他还给杨忠赐了一个鲜卑姓氏"普六茹氏"。杨忠也很争气，没有辜负宇文恩公的青睐，在他的统领下，西魏军队捷报连连。甚至在一次和东魏的战役中，敌人看到杨忠勇猛，吓得都不敢进攻了。邙山大战之后，功勋卓著的杨忠被拜为车骑大将军。至此，人生风光无限。

后来独孤信功高盖主，宇文泰和独孤信渐生嫌隙。为了把独孤信和杨忠这对好兄弟分开，宇文泰就让独孤信去偏远的秦州当刺史，典守陇右十一州，然后把杨忠留在身边，安置在当时西魏的军事总部华州冯翊郡中。

杨忠自幼吃百家饭长大，从十八岁从军到年过而立，一直过着居无定所的生活。现在远离沙场，退居后方，终于有闲情逸致和妻子团聚，共享西窗剪烛之乐了。小两口在冯翊郡般若寺里租了一个大院子，赏花逗鱼，郎情妾意，好不羡煞旁人。杨忠家族生逢乱世，板荡经年，传到他这儿就剩一根独苗了。不孝有三无后为大，为了接续杨家的香火，于是两人就开始了宏伟的"造人计划"。

　　可是好事多磨，命运似乎又在开他玩笑了，杨忠和妻子夜夜辗转缠绵，却迟迟不见怀孕的迹象。难道是长年征战奔波，丧失了做父亲的基本功能？杨忠就像站在零下几十摄氏度的户外被人泼了一瓢冷水，立马凉到了骨髓里。他叫妻子每天都去佛前焚香祷告，求子求福。有一天，河东郡蒲坂城来了一个尼姑，到般若寺挂单，在殿堂上遇到了杨忠的妻子，得知了她的心事后，给她开了一个秘方。说来这老尼倒也神奇，甩了一般的江湖郎中不知几条街。杨妻服下秘方之后，不久就怀孕了。从此杨忠夫妇对老尼感恩戴德，并把她留在身边照顾起了自己的饮食起居。

　　西魏大统七年（541年）六月十三癸丑之夜，杨妻顺利诞下一子，取名杨坚。后来独孤信看到杨坚长相奇特，就把自己的七女独孤伽罗许配给他当妻子。杨忠和独孤信这两个名门就此结为了儿女亲家。

被低估的时代——隋朝治世

后话：

自古英雄多磨难，从来纨绔少伟男。少年离乱的经历，成就了日后处变不惊的车骑大将军。杨忠并不是命运的弃儿，上帝给他关上一扇门的时候，又给他打开了另外一扇窗。而他和独孤信的联姻，将会带来一个崭新的时代。

四、大地王者

话说杨坚出生时就不凡，《隋书》里面记载"此夜紫气充庭，皇妣忽见儿头上角出，遍体鳞起。手上有纹为王字，额上有五柱入顶，颔如龙形。"不管这是后人的穿凿附会还是古人无法用科学解释的"返祖现象"，至少我们从这些吉光片羽中能够觅出一点蛛丝马迹。

杨坚，的确异于常人。

那一夜，不知从哪里突然冒出来一股紫色气体来，氤氲在院子里。古人以紫为贵，紫气东来，必有贵人将临。杨忠守候在屋外，满头大汗地踱来踱去，和现在那些焦急地守在医院产房外的父亲一样，心中既是焦急又是恐惧。妻子即将临盆，而在那个没有产前护理和剖腹产这些词汇的年代，一个女人人生当中的第一次分娩就意味着在和死神打赌。这时杨忠仿佛又回到了曾经驰骋的沙场，与敌人陷入了鏖战。

不久，一声婴儿的啼哭从屋里传来，杨忠高兴得像打了胜仗，急切地推门而入，热泪交织地捧起了自己的第一个儿子。但是他欢喜的表情又马上凝固了，这个儿子显然与常人不同，他粉嫩的小手上面赫然一个"王"字，面若龙形。自己的儿子长出一副帝王之相，杨忠心中百般滋味，说不出到底是喜还是忧。

杨忠给这个"龙子"取名"坚"，希望他能坚韧不拔，克勤克俭。而百年前统一过北方的大秦皇帝名叫苻坚，起名"杨坚"，也许暗中也寄寓着父亲对他的莫大期望。杨坚出生后，一直照顾着杨母的那个老尼说："此儿所从来甚异，不可于俗间处之。"于是杨忠便把儿子交给老尼抚养在般若寺僻静的馆舍之中。小杨坚在寺院里一天天长大，父亲杨忠在外请战杀敌，还被封为大元帅，立下了不少汗马功劳，在朝中的威望也越来越高。宇文护建立北周后，杨忠被封为上柱国、随国公。盛名远播，成为北周当时一大望族。

北周政权安定后，杨忠把儿子从般若寺里接了出来，全家人住进了新建的豪宅"陈留公府邸"。虽然过上了锦衣玉食、荣华富贵的生活，但是杨坚从小听父亲讲起节俭爱民的梁武帝，心中就暗暗立志将来一定要开创一番基业，让百姓过上好日子，所以经常看书看到三更灯火五更鸡，一点也没有贵族公子哥的习气。魏武帝时杨坚官至左小官伯，被任命为隋州刺史。有一次母亲卧病，杨坚赶回京师，在母亲床边服侍了三年，当时那些人都称赞他"纯孝"。

杨忠的好兄弟独孤信看到杨坚长相奇特,觉得此人将来一定会有一番大作为,于是就把自己的七女儿独孤伽罗嫁给了杨坚。独孤信是皇家重臣,独孤家和杨家的联姻,无疑又为杨坚增加了不少政治筹码。当时独孤伽罗才14岁,袅袅娉娉豆蔻梢头的年纪,继承了美男子父亲的优良基因,长得那是如花似玉,我见犹怜。她虽然也是出身贵族,但是毫无矜贵之气。为人温柔孝顺,走的是亲民路线,永远保持着谦卑礼让的风度。独孤伽罗和杨坚情志相投,两人合卺之后,一直恩爱有加。一个是壮志男儿,一个是贤德娇妻,真是天生伉俪,羡煞千古。

不久后,独孤信就因为赵贵谋反之事被株连,被鸩杀于家中。独孤伽罗伤心欲绝,杨坚发誓一定要为岳父报仇,并许诺这辈子只和她一个人生孩子,后来的历史也证明他确实做到了。

北周太祖皇帝第一次见到杨坚时也不禁感叹:"此儿风骨,不似代间人!"到了周武帝时,武帝不放心,有一天召了一个方外之人给杨坚看相。方士骗武帝说:"这个人将来可以当柱国大臣。"私下却对杨坚说:"你以后要当天下的君主,一定要大诛杀而后定,善记鄙言!"杨坚就这样侥幸躲了一劫。

后来齐王宇文宪又对武帝说:"普六茹坚相貌不同于常人,两只眼睛就像闪电,我每次看到都会心惊,希望陛下尽早把他除掉，以免遗祸无穷。"武帝听后大梦惊醒，从此对杨坚愈加防备起来。他私下里询问京城第一相士来和对杨坚的看法，来和其实也看出来了杨坚有帝王之相，此人极有可能就是将来的大地王者。为了给自己留条后路，来和就说："杨坚是个人才，可以让他带兵打仗，为国立功。"武帝这才稍稍放心，放弃了诛杀杨坚的执念。不过后来的历史证明，他应该相信自己的直觉。后来内史王轨也劝武帝把杨坚除掉，他说杨坚有反相，武帝这时已经有些赌气了："他要是真是命中注定的天子，我又有什么办法？"

曾经准确预言陈霸先代梁为帝的韦鼎，一见杨坚也说他"定为非常之人"，将来"识人品、鉴贤愚，神算深远，为群贤达人远不能及，不久将大贵，大贵则天下合为一家。"杨坚真是天生"面霸"，接二连三地有人说他长得奇怪，他自己对着镜子左顾右看照了半天，竟有些相信了。

"莫非，我真的是明日之君？"

从此以后，杨坚广交天下英豪，开始有目的地拉拢一些王公贵胄，不断地积蓄自己的力量。为了避免皇帝起疑心，他还主动请战，终年辗转在各个藩镇之间，平叛杀寇。周武帝是历史上众多短命皇帝之一，在位不久就归天了。长子宇文赟践祚，也就是历史上的周宣帝。宇文赟是个怪胎，经常做出一些匪夷所思的事情来。他一口气封了五个皇后，元后就是杨坚的女儿，宇文赟继位后，杨坚就水涨船高地晋升为国丈。宇文赟一直就对杨坚不满，有一次他在皇后面前对杨坚大放厥词，扬言一定要杀了他全家。他在宫中埋伏好杀手，对众人说只要杨坚面一改色，马上就把他就地处决了。杨坚被召进宫里，不管宇文赟是像泼妇一样破口大骂还是像精神病人一样手舞足蹈，他都风雨不动安如山。最后没办法，宇文赟只得就此作罢。

当了一年皇帝后，宇文赟这科学怪人突然心血来潮，把皇位传给了年仅八岁的太子宇文衍，改元为大象，年号取得跟开动物园似的。杨坚也不喜欢这个怪胎女婿，私下和大臣们八卦："他在生不积德，长得又难看，可能寿命也不长吧。"杨坚果然天生毒舌，一语成谶，第二年宇文赟就得了怪病，说不出话来。几天后，这位行为艺术家皇帝就驾鹤西去了。

后话：

杨坚一生极富传奇色彩，从出生以来就被许多人寄予厚望，当然也被许多人所忌惮，恨不得杀之而后快。多次从刀口逃脱，可谓九死一生。他也深谙韬晦之道，在人前总是保持着一贯的低调谦卑，在宇文赟的刁难下也处变不惊、面不改色。为了减小皇帝疑心，他还主动请求镇守藩镇，沉淀力量。其深谋远略，必有大为。

五、天降帝位

先帝早死，弱主年幼，外戚势大……历史的周期近乎真理，杨坚似乎看到了一份早已写好结局的剧本，不用等他谋篇布局，只需要按部就班，本色演出。

南北朝长年战乱，百姓苦不堪言。这时候需要一个从天而降的大英雄，驾着五彩云霞，解民倒悬。分裂了两百多年的中国，似乎也该回到统一的正轨上了。而上天，把这个历史的接力棒递给了杨坚。

杨坚胆战心惊地接过了接力棒，开始用自己的行动去印证那个预言。是的，就像你们说的那样，我，就是真命天子。

怪胎宇文赟暴毙，年仅二十二岁，死前又偏偏喉咙嘶哑说不来话，还没来得及托孤就断气了。这一切就像上天精心设计好了似的，一步一步为杨坚铺平了道路。本来宇文赟和杨坚宿怨深厚，如果真的留下临终遗嘱，杨坚可能也会和古来将相兔死狗烹的命运一样。先帝死后，静帝尚且年幼，睡觉还在尿床的小屁孩怎么可能治国？于是杨坚的老同学郑译和刘昉一致同意推荐静帝的外公杨坚辅政。喜从天降，杨坚最开始接到这个消息时还以为这是那个怪胎皇帝搞出来的恶作剧，想要陷害他。

古往今来，外戚篡政，要么精心策划，经营十几年，要么兵戎相见，死伤无数。杨坚怎么也不会相信这么大一块馅饼就这么砸到了自己的头上，于是就坚决推辞，不敢接受。刘昉笑着说："你如果想干就干，不想干的话我自己来干。"杨坚这才意识到原来那个单细胞生物真的被自己咒死了，心中大喜过望，连连答应。接着郑译又颁布矫诏，把全国的军队统领权授予杨坚。

宇文赟的尸体放在那里喂了好几天苍蝇了，杨坚等人却秘不发丧，原来是在等一个诏命。刘昉、郑译联合内史大夫韦暮、御郑下士皇甫绩等大臣草拟了一封任命诏书，并纷纷签上自己的名字。杨坚为人宽厚谦卑，所以在朝中人缘极广，生动地给我们上了一节成功学中的人脉课。许多大臣对此并无异议。但是御正中大夫颜之仪是个愚忠耿直之臣，这时他却跳出来与大家唱反调，声称要捍卫北周皇室。他得知刘昉他们要推举杨坚为大丞相的消息后，赶紧召集周朝皇族宇文椿，赶在杨坚之前来到皇帝的御座之前，准备拥护静帝掌权。历史再一次证明，一切反动派都是纸老虎，杨坚带着一群人来到朝堂，宇文椿立马吓得落荒而逃，被抓住后收监在天牢。杨坚最初打算把颜之仪拖出去杀了，但是考虑到他声望隆盛，为了拢络人心，于是就把他调去西部当郡守，远离政治中心。

郑译和刘昉最开始计划的是让杨坚当大冢宰，杨坚就向御正下大夫李德林问计，李德林说："杨公不管怎样都要当大丞相，只有掌握了军权，才能服众。"杨坚深以为然，枪杆子里才能出政权。受命辅佐朝政后，杨坚又对李德林道："现在我要管理偌大一个国家，需要贤能人才，你一定要帮助我。"李德林誓死效劳。当初帮助杨坚摄政的那些功臣，之后全都被升官封爵，委以重任。杨坚把六府全部交给郑译总管，又拜刘昉为大将军，封黄国公。杨坚不仅把蛋糕做得大，而且还分得好。平衡了各个集团间的利益分配，这样才不至于各生嫌隙。在政权刚刚得手之时如果就上演"鸟尽弓藏"的大戏，结局一定是你死我活，鱼死网破。

杨坚的妻子独孤伽罗也是个深明大义之人，杨坚摄政后，伽罗对他说："现在事态已经到了这个地步，静帝年幼，国家大事一切都只有靠你了。骑虎难下，所以你一定要好好干！"

所谓百足之虫死而不僵，宇文家族的许多亲信其实早已暗中计划反扑。北周僭王宇文招想要谋杀杨坚，设计了一场鸿门宴，邀请他来自己的府邸聚餐。杨坚的左右侍卫都被拦在了门卫守候，只有开府大将军杨弘和元胄相从。宇文招早已在屋内埋伏好杀手，只等杨坚入瓮。宇文招在席上不断地用佩刀挑起水果送给杨坚吃，心中在寻找一个最恰当的时机，趁机把佩刀直接送进他的喉咙。元胄看出其中蹊跷，几次提醒杨坚，说府中还有要事，赶快回去。宇文招气得对元胄怒喝："你算什么人？我和大丞相说话要得你来插嘴！"杨坚菜过五味，酒过三巡，喝得酒酣耳热，平日里的机智敏锐早已被醉意打乱，一边喊元胄退下，一边继续和宇文招推杯换盏。刚好这时候滕王宇文迪来了，杨坚去招呼他，元胄趁此时来到杨坚身边，耳语道："情况有变，周围到处都是兵马，快点离开！"这句话犹如一榔头咣当一声把杨坚打醒了。这时屋内后堂响起了铠甲的声音，元胄拉起杨坚就跑，夺门而去。宇文招没能追上，气得把手指都弹出了血。

回到宫中后，死里逃生的杨坚大赏元胄，赐给他无数金银珠宝，并且下定了要对宇文家族斩草除根的决心。他把赵王宇文招、陈王宇文纯、越王宇文盛、代王宇文达、滕王宇文迪骗到长安，全部诛杀。当年相面的方士叫他"大诛杀而后定"，在此又一一应验。

宇文皇族被灭尽后，还剩下最后一颗钉子了，也是最难拔掉的一颗钉子——尉迟迥。尉迟是个复姓，中国从来没有哪个朝代像南北朝这样活跃着这么多复姓的风云人物，拓跋、独孤、宇文、尉迟、令狐……言归正传，说到这个尉迟迥，他在周朝的威望和杨坚颉颃，心中早就打算篡权了，可惜没料到杨坚这人插队，抢先了一步。

此时尉迟迥执掌着全国一半的精兵，随时都可以倒戈伐杨。双方都在争分夺秒地算计对方，步步为营，精心部署自己的棋子，然而收官的权利却落在了杨坚手上。

公元580年六月，杨坚在经过深思熟虑之后，缓缓投下了最后一颗棋子。任命韦孝宽为大元帅，出兵讨伐割据相州的尉迟迥，名将高颎自告奋勇出任先锋。全军渡江之后，高颎又效仿西楚霸王破釜沉舟，命人将桥烧毁，自绝后路。大军背水一战，将叛军几乎全歼。尉迟迥最后在城楼被人砍下头颅，身与名俱灭。

万事俱备，这时东风也来了。公元581年二月甲子日，静帝"一依唐虞、汉魏故事"，颁发诏令，禅位于杨坚。杨坚在临光殿登基，大赦天下。又因先祖曾封随国公，而"随"又有奔走不祥之意，是以改国号为"隋"。

后话：

杨坚内有贤妻，外有诤友，在事业上颇得相助。他在摄政初期，奖赏有功之士，安抚民心，以致脆弱的权力中心不至于土崩瓦解。当尉迟迥叛乱时，又先发制人，一举歼灭。当机立断，宽厚容人，谋定而取远，天下归心。而北周连续几个皇帝的短命，最后只留下了一个七八岁的孱主孤儿，这时大臣们又纷纷拥戴他掌权。这一切从天而降的幸运，让杨坚少奋斗了不少年。后世诗人赵翼评价："古来得天下之易，未有如隋文帝者，以妇翁之亲，安坐而登帝位。"

六、江山初定

"沿着江山起起伏伏温柔的曲线,放马爱的中原爱的北国和江南。面对冰刀雪剑风雨多情的陪伴,珍惜苍天赐给我的金色的华年。做人一地肝胆做人何惧艰险,豪情不变年复一年。做人有苦有甜善恶分开两边,都为梦中的明天……"

这首歌,仿佛就是写给杨坚的。

登上隋国皇位后,天下归仁,老百姓们都在等着这个新天子的一番大作为。是骡子是马,拉出来遛遛。上天也在观望着,他,这个被选召的孩子,到底能不能完成历史的使命。梦中的明天,又会是一幅怎样的景象?

称帝五天后,杨坚册封九岁的周静帝为介国公,旌旗车服礼乐皆不改变。然后又下诏:"自古帝王受终革代,锡爵多与运迁。朕有不同,苟利于时,不计今古大殊,前代品爵,悉可依旧。"意思就是以前的帝王登基后就把前代的公爵废除,我和他们不一样,周朝的品爵,现在全部不变。这样一来,就避免了既得利益集团的骚乱。四十天后杨坚又大赦天下,举国同庆。以此安抚民心,怀柔天下。

前朝皇脉不除,始终是为大患。新任内史监察虞庆提议将宇文氏子孙全家灭门,不久后,杨坚就派人暗杀了介国公宇文衍,并为之举哀,厚葬于龚陵。最初杨坚与大臣们决议

第一章 天下归仁

时，只有丞相府中郎李德林一个人站出来反对，他举了周朝代魏不杀魏帝宗室，武帝灭齐不杀齐朝宗室的例子，劝谏杨坚放过宇文氏子孙。杨坚立刻大怒："李君你不懂事理，以后不必参议国家大事了！"从此以后李德林失宠，仅被授予一些虚职，埋没才华，骈死槽枥。

李德林当初为杨坚献计定夺天下，而被提拔，现在又因死谏被贬。成也萧何，败也萧何。杨坚也因此失去了一个国之栋梁，实为可惜。

隋国初立，杨坚便追封父亲杨忠为武元皇帝，封独孤伽罗为皇后，立长子杨勇为太子，改封长女周宣帝之杨皇后为乐平公主。之后又让自己的诸子昆弟纷纷封王授爵，安置在机关枢要，次子杨广、三子杨俊、四子杨秀任尚书令，分别统领全国官府兵马。收揽天下权力，为以后的安定打下了基础。

杨坚也很讲义气，当年和他一起打天下那些人，后来全都飞黄腾达。忠臣王韶去世后，杨坚想起了当年和他以及另外那些好兄弟一起奋斗的日子，提笔写下一诗："红颜讵几？玉貌须臾。一朝花落，白发难除。明年后岁，谁有谁无。"以此感叹岁月深重，不饶你我。

每一个成功男人的背后，都会有一个强大的女人。隋文帝和独孤皇后婚后并没有陷入"围城"魔咒，反而恩爱非常。杨坚一生中只有五个儿子，全是出自独孤皇后之腹。每

 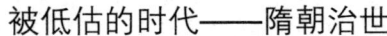

次上朝，独孤皇后都要把自己乘坐的马车和皇上的并排在一起，直到阁门才停下。皇上要治理偌大一个国家，日夜操劳，难免会有死机的时候，这时候独孤皇后就会给他排忧解难，指出明路。

独孤皇后也很会处理人际关系，经常让大臣们代她向他们的父母行礼问候，保持着她从前的亲民路线。有一个官员就提议，按照《周礼》，文武百官的妻子应该授予品级，并由皇后管理。贤德的独孤皇后并不贪恋权力，拒绝说："不能让我开这个头，如果让妇人来管理国家大事，将会后患无穷。"皇后为人慈善，每次听到有犯人被处决，她都要悄悄流泪。同父异母的兄弟独孤陀用猫鬼巫术来诅咒她，事发后本来应当问斩，皇后也以德抱怨地为他求情。为了救他一命，三天绝食抗议。独孤皇后和文帝宽厚仁慈天下无双，时人都称他们为"二圣"。

《康熙王朝》里有一个这样的片段：顺治帝召集诸皇子应试，试毕，皇上谈起汉族文化："寻常百姓不好好读书，只坏他一个，皇阿哥不好好读书，就坏了一方天下。大清几代先王奋斗不息，才有今天的海内一统。而今咱们满人入关也几十年了，但是前明余孽仍在，百姓人心不稳。阿哥们要记着，这取天下靠的是弓马骑射，但是治天下却要文教科举。咱们满人的金戈铁马虽然能灭掉前明的水路三军，但是灭不掉汉人的千年文字，灭不掉诗词曲赋，灭不掉圣人之言、士子之心哪……"

三阿哥玄烨起来反驳:"儿臣认为,咱们学习诗词曲赋、圣人之言,不是因为灭不掉它才学,而是因为它也是天道。"

宇文泰力主鲜卑化,想让汉人被少数民族的文化吞没,赐胡姓,着胡装。然而汉文化强大的生命力不仅没有被扑灭,反而越来越炽盛,反噬着落后蛮夷的鲜卑文化。隋文帝从宇文氏手中接过这个烂尾国家后,开始恢复汉姓,颁布新历。又命儒生制礼正乐,建立典章制度,统一文字和音韵。而自己也厉行节俭,禁止奢靡之风。

为了征集天下图书,藏之宫廷。隋文帝亲下诏书,凡献书一卷者,就可获赏一匹绢。隋朝的藏书是中国历代封建王朝里最多的,巅峰时期,曾达到了37万卷,77000多类的藏书量。后来清朝的《四库全书》才收录79338卷,3462类图书。

文帝还减轻刑法赋税,修订《开皇律》,废除前代八十一条死罪、一百五十四条流罪、千余条徒、杖以及灭族等严刑峻法。完成了自汉文帝以来的封建刑法改革历程,正式确立了封建社会的"五刑制"——"笞、杖、徒、流、死"。这一刑法制度后来一直被沿用到了清朝末年。

为了鼓励农业生产和增加财政收入,文帝颁布均田令,鼓励农桑。还在黄河沿岸设置粮仓,乘黄河和广通渠之利,运往京师。当时粮仓分为两种,一种叫官仓,供养军队和政府，另一种叫义仓，由军民募捐，囤积起来，若遇荒年，就开仓赈灾。

百废待兴的隋朝，在文帝的励精图治之下，国库愈加充盈，百姓愈加富足。大隋，就像一头睡狮一样，在华夏大地上渐渐醒来。

后话：

隋文帝登基后，铲除宇文皇族，安置亲信忠臣。又将军权收揽，对前代贵族实行怀柔政策。这一系列措施，都为日后的稳定提供了保障。他当上皇帝后没有急于享乐，而是修缮国家机器，兴利除弊。又推行汉化，做华夏之君，让社会重新建立起一套道德体系。百姓的生活开始回到汉文化的伦理纲常之中来，和谐共生。但是晚年的隋文帝，却对庶人针砭朝政感到厌恶，开始忽视经史，打击儒生。此为一大败笔，实在可惜。

七、千秋创举

南北朝以来，小国林立，所以郡县设置过多，造成了一种"民少官多，十羊九牧"的现状。公务员数量膨胀，不仅不利于管理，还容易滋生贪污腐败，蚕食国帑。官员批量生产，良莠不齐，质量无法得到保证，大多都是嘴尖皮厚腹中空的废柴。走在大街上，一块瓦片掉下来就砸死三个当官的。

河南道行台兵尚书杨尚希就向杨坚建言献策：废郡，改为州、县二级制。州设刺史，县设县令。杨坚欣然纳之。

政治大厦的底层问题解决了，高层建筑却还潜伏着许多植入木马。北周宣帝死后，杨坚当过大丞相，深知丞相的权力大得触目惊心，甚至可以堂而皇之地在皇权眼皮下只手遮天。现在杨坚自己当上了皇帝，他一想到有种权力能够在自己的掌控半径之外翻云覆雨，就常常辗转反侧难以成寐。要是无缘无故就罢黜丞相，肯定会招致大臣们人人自危，渐失人心。但是卧榻之畔又岂容他人鼾睡？丞相的存在无疑就像一颗定时炸弹，当温度达到引线燃点时，难免会玉石俱焚。这该如何是好？

杨坚心中两个小人打架，最后握手言和，想出了一条两全之计。他把汉魏的官制中和了一下，引进、消化、吸收、创新，最后创立出了非常具有孟德斯鸠色彩的"三省六部制"。

三省为最高政务机构，分为中书省、门下省、尚书省。中书省主管草拟决策，始于汉朝，当时称为"中书令"，到了隋朝，中书省已经成为全国政务中枢。皇帝有什么赏罚征讨，都要通过中书省这个机构发布诏令。为了避隋武元皇帝杨忠的讳，所以在隋朝中书省又改叫"内史省"，后来唐朝为了避李世民之讳，又把六部中的"民部"改为

"户部"。门下省管理审议。皇帝的意志从中书省那里发布出来后，送到门下省再经审议，决定是否执行。若是审议通过，便交由尚书省执行。尚书省得名于南朝宋，由汉代的皇帝秘书机关尚书衍变而来。三省的长官都是宰相，中书省长官叫中书令，下设中书侍郎和中书舍人。门下省长官叫侍中，下设门下给事和门下侍郎。尚书省长官叫尚书令，下设左右仆射。

在尚书省下面，又设立了六部：礼部、户部、吏部、工部、兵部、刑部。各部长官统称尚书，副长官统称侍郎。六部分工细致，各司其职。礼部管理典礼、科举、学校，户部管理户口、土地和财政，吏部管理官员考核任免以及行政监察，工部管理工程营造和屯田水利，兵部管理国防军事，刑部管理司马刑狱。各部又各自管辖四司，共为二十四司。

这样一来，丞相的权力就受到了大大的削弱。"三省六部"，各个机构分权而立，互相合作，又互相制衡。皇帝的一言一行，必须经过门下省的公决，如此又可以防止皇帝残暴专权，有利于王朝的长治久安。杨坚真是管理学大师，本来想架空丞相的权力，却求蚌得珠，设计出了一套当时全世界最为先进的政治制度，并深深影响了后世千余年的权力架构。

隋文帝想象力过剩，在发明了三省六部之后，又创立了影响古今中外的科举制度。

周天子分封天下，国家由天子、诸侯、卿、士分级管理，然后各阶级又按血缘世袭。到了春秋战国，又出现了"客卿""食客"，所以才有了历史上的"孟尝君养三千门客"。秦王扫六合，在商鞅主导的变法之下，引入了军功制度。汉朝则诞出了自下而上的察举制和自上而下的征辟制，及至东汉末年，察举制一度被门阀士族垄断。南北朝把察举制改良成"九品中正制"，根据出身和品德考核人才，但这种制度也仅限于上层建筑、望门世家。所以造成了"上品无寒门，下品无士族"的不公平社会现象。

　　社会底层向上流通的渠道被堵塞，天长日久就容易造成不稳定因素。而通过关系户选拔出来的人才也参差不齐，难以委以重任。让这群蝗虫去治国，迟早要把隋朝啃得千疮百孔。喜欢尝试新事物的杨坚，废除了"九品中正制"，另外开创了一种以考试为核心的人才选拔制度。他让"诸州岁贡三人"参加考试，只要被录取，就可以出仕，这一点也符合儒家传统思想里读书人的最高理想"学而优则仕"。开皇三年（583年），文帝下诏举"贤良"，选拔德才兼备的人才，四年后又令京官五品以上以"志行修谨""清平干济"二科举人。这时科举已经呈现雏形了。直到后来隋炀帝设立进士二科，科举考试的内容已经基本定为政事、经义，被称为"试策"。考中的人被授予"进士"的名号，这个词语来自《礼记·王制》，有进受爵禄的意思。

被低估的时代——隋朝治世

科举制度让底层百姓也有了参与国家大事的机会，而且这种机会是相对公平的。不管你是王公贵胄，还是平民百姓，只要你用功读书，有才华，就有可能"十年寒窗人不识，一朝成名天下闻"。这种制度听起来很励志，成功全来自于你自己的奋斗。老百姓为了前途命运，开始刻苦攻读，文化水平也得到了提高。而通过科举选拔出来的人才成为天子门生，又直接听命于天子，这样就有效地防止了贵族士族掌权后门阀割据的现象。

唐代礼部尚书沈既济评价道："前代选用，皆州郡察举，至于齐隋，不胜其弊，是以置州府之权而归于吏部。自隋罢外选，招天下之人，聚于京师春还秋住，乌聚云合。"

后话：

隋文帝设立的"三省六部制"堪称封建官制的典范，为后世的政治体制开创了一种新的模式。而他创立的科举影响深远，成为全世界考试制度的滥觞。流传到现在，已经演化成了升学考试、技能考试、公务员考试等等，相对公平地改变了无数人的命运。这两个制度的大胆尝试，利在千秋。

八、攘外安内

在隋朝这头睡狮苏醒的同时,北方的一匹狼已经开始垂涎三尺了。

这是一个在马背上长大的民族,长期以来过着茹毛饮血的生活,爱好吃肉,擅长打仗。他们身体里流淌着塞种和匈奴的血液,继承了先祖的强壮和彪悍,从一生下来就要学会如何和猛兽搏斗。自然法则告诉他们,要么饿死,要么就踏着别人的尸体活下去。

这就是盘踞在漠北的突厥,经常南下欺负周边国家。北周每年都要向它交保护费,也就是官方所称的"纳贡"。到了隋朝时,谁知文帝这个人颇有气节,并不买它的账,不再给它送礼了。突厥大王气得命令贵族带领精壮骑兵,从幽州到河西,拉开一条漫长的战线,不断骚扰着隋朝的边境。开皇二年(582年),突厥大可汗沙钵略觉得应该好好收拾一下隋朝了,于是亲自带领四十万大军大举南侵,一鼓作气打到了武威、天水、延安等地。所到之地就和鬼子进村一样,实行"三光"政策,遇到男人就杀,遇到女人就抢。这次战争就像一场可怕的瘟疫,被席卷过的地方只剩下白骨成山。

第二年,隋文帝便以杨爽为大元帅,假以复仇之名,兵分八路突袭突厥。突厥军队被打得一败涂地，中途又爆发内斗，沙钵略可汗和阿波可汗互掐了起来。这一掐就掐出了东西突厥，以沙钵略、突利为首建立起了东突厥汗国，以达头、阿波为首建立起了西突厥汗国。东西突厥兄弟相煎，各自敌对。

沙钵略被隋军大败后，便归附了隋朝。他死后，隋朝还派兵帮他的儿子莫何攻打阿波。阿波被生擒后，西突厥也向大隋称臣。突厥这匹狼被收服后，北方最大的威胁也就随之瓦解了。

然而，大隋的前庭刚刚扫清，后院又起火了。

有一个叫"强练"的方外之人，住在佛寺里，流浪为生。他经常疯言疯语，说出一些匪夷所思的预言出来。在"挟天子以令诸侯"的宇文护弥留之际，他在宇文护府邸前打破了一个瓠子，大喊："瓠（护）破子苦"。家丁大怒，赶紧把他轰走了。后来他又半夜爬到街边的树上去哀哭佛祖，当时的人还以为他受了啥刺激。那个年代又没精神病院，不然他早被关进去了。

不久，周武帝就下令废除佛教和道教，强迫僧尼道士们还俗。这些事听起来神乎其神，不知道是故弄玄虚还是科学真空领域的易卜之术。在隋朝刚刚建立的时候，这个做事风格有点像济公的"强练"经常拿着一个无底布袋在长安街乞讨，人们以米麦相倾，却全都漏在了地上。众人大惑不解，他就说："这是让你们看见盛（城）空也。"果然，在隋文帝迁都大兴之后，旧京都一夜之间就废弃成了空城。

新都定名为"大兴"，一是因为杨坚曾任大兴郡公，再则暗喻着皇朝将蒸蒸日上。隋文帝迁都后，开始备战统一大业。当时外邦频扰，北有突厥，西有吐谷浑，东有高句丽。杨坚文谋武取，终于把周边来犯的少数民族国家收拾得服服帖帖。这时后院又突然起火，当年平定司马消难、巴蛮兰雒的大功臣王谊突然发动叛乱，震惊朝野。

王谊本与杨坚交情甚笃，两人亲如兄弟，杨坚立国后还把五女兰陵公主下嫁给王谊之子，然而权力的魅力能使人丧失理智和人性。杨坚虽然没有兔死狗烹诛杀功臣，但是功臣却倒戈相向、自取灭亡。王谊是杨坚在所有旧交中杀的第一个人，杨坚下令处斩时顾念旧情，忍不住泪流满面："朕与你本是好兄弟，对处死你这件事十分心痛，但是国法不可违逆，悲哉！"

迷恋权力的不止王谊一个人，在他死后还不到一年半的时间里，一起更大的谋反案又发生了，那就是当年一手把杨坚扶上龙椅的刘昉。现在，他又想亲手把杨坚从龙椅上拉下来。

杨坚在他的精心策划中登上皇位后，刘昉便有了点登堂入室的情结，开始以功臣自居。关中闹粮荒时，朝廷诏令禁酒，刘昉身为大柱国，位极人臣，本该以身作则，给百官做出榜样,他却公然违抗法令,后来被御史弹劾,文帝隐忍而不降罪。刘昉享受了特权带来的优越感,食髓知味,从此便和尚打伞——无发(法)无天,他私下和重臣结党,还说:"帝王岂有不易之理,风水轮流转,天下归大家。"他们商量好了,决定另立上柱国梁士彦为帝。

梁士彦在杨坚出宫祭祀太庙时准备派杀手行刺,后因皇家侍卫森严而作罢。和他们一起谋反的裴通中途告密,杨坚便使了一个"欲擒故纵"之计,故意重用梁士彦。梁士彦蒙在鼓里,大喜道"天助我也!"懵然不知杨坚是在放长线钓大鱼。等到证据取足之后,杨坚将梁士彦、刘昉、宇文忻三人一举拿下,通通诛杀,家人亲眷没籍为奴。宇文忻临死时不断哀求饶命,刘昉倒还有点铮铮傲骨,摆出一副"我自横刀向天笑"的姿态,怒喝:"事已至此,何苦再丢人现眼!"心理素质过硬,从容赴死。

事后杨坚把三人抄家,财产宝器全部堆在朝堂上,让文武百官猜枚射物,命中者自己抱回家。从前和自己一起打江山的那些好兄弟,现在为了浮云名利却和自己反目为仇,最后身首异处。人生活到这里,杨坚也看明了许多事,看开了许多事。天下是天下人的天下,如果打天下只是为了骑在百姓头上作威作福,独享荣华富贵,那种"独夫"最后也只会被天下人所唾弃。

杨坚逐渐成长为了一个成熟的政治家,从此躬行节俭,励精图治。

后话：

一个新生的政权就像一个婴儿一样，护理不好难免会早夭。古往今来这种例子不鲜，像曹魏，像北周。但杨坚却以自己的处变不惊，从容地解决好了这些内忧外患，给隋朝的发展建立了一个稳定安全的空间。国安，则民愈富。民愈富，则统一之大业可图。

九、风云朝夕

翻开隋朝历史，就无法避开一个人。就像秦朝避不开赵高，汉朝避不开韩信一样。这个人甚至和隋朝两位皇帝的命运都紧紧绑在了一起，作为推动历史转动的一枚齿轮之一，而不可或缺。

他和皇帝同姓，地位也极尽荣耀。杨坚一生与他深相结纳，不是兄弟，胜似兄弟。他能文能武，史称"研精不倦，多所通涉。善属文，工草隶，颇留意于风角。美须髯，有英杰之表"（《隋书·杨素列传》）。军事上谋近取远，平定天下。文才上则写出了"居山望四阻，风云竟朝夕"这样的的佳句。

这样一个文治武功皆为当世翘楚的美男子，在小时候却是一个离经叛道的古惑仔。祖父杨暄，官至北魏辅国将军、谏议大夫。父亲杨敷，又任北周汾州刺史。出身贵族身为忠烈之后的他"少落拓，有大志，不拘小节"，经常在各种打架斗殴现场都能看到他的身影，见到长辈也不作揖问好，永远高昂着他骄傲的头颅。当时的人都不理解他，觉得这个问题少年没救了，以后肯定没有出息。父亲给他取名为素，也许也是希望他能质朴近人。字处道，寄寓着为人处世遵循大道的厚望。但是他的从叔祖北魏尚书仆射杨宽却很喜欢这匹"害群之马"，他觉得杨素将来必有大作为，每次在子孙面前提起杨素时都说："处道当逸群绝伦，非常之器，非汝曹所逮也"，意思就是说杨素行为不同于常人，超凡脱俗，是个人才，并不是你们这些凡夫俗子所能比得上的。

杨宽这个伯乐果然慧眼识英，杨素的命运被他有幸言中了。后来杨素与志同道合的安定人牛弘一起苦读。两人博览群书，广泛涉猎。杨素兴趣颇广，在书法、文学和风角占验上都多有钻研，并且成就不菲。当时北周的大冢宰宇文护提拔他去当中外记室，一个成天操觚弄墨的文职，牛弘后来也历任隋朝的礼部、吏部尚书。之后杨素又被宇文护转调到礼曹，加封大都督。

对于一个名门之后来说，这点一官半职并不为奇。杨素真正的发迹是从一次冒犯开始。

北周天和七年（572 年），做了几年傀儡皇帝的周武帝宇文邕像康熙帝清除鳌拜一样，开始着手诛杀一手遮天的权臣宇文护，祸及朋党，宇文护一手提拔起来的杨素也遭到了株连。杨素从小落拓不羁，心中没有什么避讳，口上更无遮拦。这时他身体里的叛逆因子又开始作怪了，你贬我杀我都可以，但是有一个旧账还没有解决。

杨素的父亲曾任汾州刺史，后来虽被北齐俘虏，但是一心向周，坚守节操没有投降。杨素觉得朝廷应该给他父亲追封，以表其忠烈。于是就和周武帝理论，武帝不理他。他那股犟脾气又来了，再三上诉，一向好脾气的武帝恼了，再也忍受不了这个刁民的胡搅蛮缠了，命人立马把他拖出去斩了。

杨素也不求饶，大义凛然地喊："臣事无道天子，死其分也！"皇上这么无道，反正我早晚都得死，死有什么可怕的，可怕的是天子昏庸、江山易主。武帝惊出一身冷汗，仿佛在梦中被人一榔头砸醒，他有感于杨素的壮烈和从容，下令追封其父杨敷为大将军，谥号"忠壮"，然后又拜杨素为车骑大将军，仪同三司。杨素那"拼命三郎"的精神为他博得了一头好彩，从此渐渐受到武帝的礼遇。武帝让他写诏书，他铺纸泼墨，下笔即成，而且文质兼美。武帝愈发器重他，对他说道："你自己好好努力，不要担心不会富贵。"杨素却回答道："臣只怕富贵来逼臣，臣无心追求富贵。"

后来攻打北齐的战役打响了，武帝率军亲征。杨素主动请缨，请求率领他父亲的旧部为先锋。武帝答应了，并赐给他自己使用的的竹杖以示信任，说："朕想要重用你，所以才把此物送给你。"杨素跟随齐王宇文宪，捷报连连，之后因功被封为清河县子，食邑五百户，不久后又被授予司城大夫。翌年，杨素再次跟随宇文宪攻打晋州。宇文宪被北齐大军追杀，连夜败逃，将士丢盔弃甲狼狈不堪。杨素亲率十几个猛将和敌人周旋，宇文宪这才侥幸脱身。从此以后，杨素几乎每次出兵都会立功。到北齐灭亡时，杨素已经加官上开府，改封成安县公，食邑一千五百户，还受赐大量粟帛、奴婢和各种牲畜。

杨素有自己的一套治军思想，以残酷严厉著称。每次作战前，他都要拉几个违反军纪的士兵出来斩杀，少则十余人，多则上百。血肉模糊的尸体横陈在面前，他在一边却还能云淡风轻地和将士们谈笑自如。及至和敌人陷入相持战时，他就会随意选调一两百人去冲锋，若是败归，一律惩杀，然后再选调第二波"敢死队"。杨素虽然治军严厉，但是跟随他的将士，只要稍有立功，都会得到封赏提拔，所以很多人也心甘情愿为他卖命。"信素哥，得富贵"，杨素的手下们无不英勇，这样一来他的军队就成了一支"常胜之军"。

几次较量后，北齐被周朝灭了。陈宣帝陈顼眼见虎口逼近，担心自己成为最后的羔羊，于是先发制人争夺淮北地区，陈国大将吴彻明率大兵压境，一路打到了吕梁地带，赶跑了徐州总管梁士彦，进而又在彭城困兽之斗。杨素跟随上大将军王轨去解围，兵不血刃就把吴彻明俘虏了。陈将樊毅在泗口修筑起一座城池来借此顽抗，杨素把他打败后，又将此城夷为平地。经此一役，杨素又掌管了东楚州事，他的弟弟杨慎也荫受义安侯。

周宣帝死后，年幼的静帝继位，杨坚被推举为大丞相。杨素看出此人前途可期，便投靠到他的门下，与他"深相结纳"。杨素这样一个硬件过硬，软件也不逊的奇才，自然得到了杨坚的重用，不久就官至汴州刺史。在走马上任的途中，却又刚好赶上了相州总管尉迟迥起兵叛乱，荥州刺史宇文胄占据虎牢关以此策应尉迟迥，杨素被战火阻隔不能前进。杨坚索性拜杨素为大将军，征发河内兵马，令其歼敌。杨素用兵如神，大破叛军。半路上突然从天而降一顶大将军的帽子，让杨素的事业顿时如日中天。平叛之后，他晋升柱国，封清河郡公，其弟杨岳亦被封临贞公。后来杨坚称帝，又拜他为御史大夫。

杨素的妻子郑氏是个性情剽悍的辣妹子，有一次她河东狮吼时激怒了杨素，杨素便大怒道："我若作天子，卿定不堪为皇后。"就是说我要是当上了皇帝，你绝对不能做皇后。此语一出，郑氏就立马上告到朝廷。杨坚龙颜大怒，遂免去杨素的一切职务。

当时隋朝渐渐国富民强，杨坚一心想要谋取江南，统一华夏。杨素就投其所好，多次向杨坚出谋划策，没过多久，杨坚就又重新起用他为信州总管，并赏赐财帛马畜。杨素一直居住在长安，命手下日夜兼程地赶制一种名为"五牙"的大型战舰，每艘战舰可容战士八百人，以此为伐陈大业备战。

后话：

杨素逸群绝伦，小小年纪就展现出与众不同的一面。胸有大志，不拘泥于陈规陋习，此人定非泛泛之辈。他治军虽然残酷严苛，但也因此大大提升了军队的战斗力，屡战屡胜。在杨坚初露锋芒之时，他就与之交好，广结人脉。杨坚称帝后，他也因此得到晋升。当遭到冷遇时，他很会懂得不失时机地展现自己，进献伐陈之计，最后再次被重用。这种人精于权谋，飞黄腾达只在旦夕。

十、后庭遗曲

不知从哪朝哪代开始，在中国人的文化印象里就达成了一种共识——江南盛产美女。三国时候的大小二乔是美女，百年后的张丽华更是美女。

这个张丽华何许人也？六朝故都、景阳宫里，陈朝的末代皇帝陈叔宝之贵妃也。史书上说她发长七尺，光可鉴人。头发长得可以当披风，而且还和鲁迅笔下清朝留学生的发髻一样油光可鉴,我们可以假想张贵妃天生就是油性发质,或者用了宫廷飘柔。古人以发泽为美,判断你是不是一个大美人,首先就要看你头发能不能当镜子用。又说她眉目如画,敏锐善察,记忆力过人,"人间有一言一事,辄先知之。"你借了她一文钱,隔了十年她都能记得。

张丽华还会写歌填词,曾经做了一首名动京华的《玉树后庭花》,一时间成为宫廷宴会K歌必选。这样一个头发长见识也长,又是陈朝麦霸的绝色女子,当然毫无悬念地把陈叔宝迷得鼻血四溅。

陈朝建都建康(今南京),三国时的孙权,曾在这里秣马厉兵,谋划天下。陈家天子留守吴地,控制了江陵以东、长江以南的大片地区。坐拥江南富饶,又恃山川之险,开国之初,天下渐安,此宝地一度繁华景象。

正如列宁所言,"历史不会重演,却会惊人的相似"。"先帝创业未半而中道崩殂,"陈朝前两个皇帝都死得早,陈叔宝这个富二代继承了先祖用血肉打下来的江山后,却成了另外一个阿斗。他自幼生于深宫之中,长于妇人之手,对于天下大势一概不知,对于富国强兵之道一概不问。这时陈朝周边好几个国家都被杨坚吞并了,他也丝毫不关心,只管饮酒作乐,吟诗作赋,继续当自己的文艺小青年,自"愚"自乐。

张丽华本是个民家女儿,父兄做着刘备的老本行,靠编席子卖来维持生计。后来张丽华被送进宫中给龚贵妃当奴婢，又作为赠品，和贵妃一起服侍陈叔宝。哪知陈叔宝对张丽华一见钟情，瞬间就被那双妖兽的眼神秒杀了，马上封她为贵妃，视她为女神，顿时后宫粉黛无颜色。如果说大熊猫是我们现在的国宝，那么把张丽华称之为陈朝的国宝一点也不夸张。爱之加诸膝，就连百官上朝奏事，陈叔宝也要把张丽华抱在膝盖上，一同决议国是。古来荒唐皇帝多，陈叔宝绝然也可以算一个。

而此时，与陈朝一衣带水的隋朝，却在明修栈道暗渡陈仓。隋文帝杨坚广开言路，招贤纳谏，减轻赋税，整饬军备。眼看隋朝在改革中变得越来越强大，自己身边一头睡狮即将苏醒。陈叔宝却依然风流作风，在皇家游乐场里和一群红颜知己们夜夜笙歌，玩得昏天黑地滚滚红尘翻两番。

开皇七年（587 年）十一月，朝中宰相向隋文帝建言献策，称每至江南收获时节，就扬言攻打陈朝，陈朝必然放弃农事加强防备，这样几次诈攻后陈朝国力必定大减。此计深得杨坚之心，便被马上施行。陈叔宝满脑猪油，当然不懂《孙子兵法》里"不战而屈人之兵"的道理，让隋朝的阴谋一次又一次得逞。

陈叔宝信奉"人生苦短，及时行乐"，懒得管理国事，索性不理朝政，终日与女神们寻欢作乐，蜂围蝶绕共赏《玉树后庭花》。这个活宝皇帝全然不知国祚日浅，理想主义得既有点可爱又有点可怜。他还认为"王气在此，彼何为者耶？"庸臣孔范便附和道："长江天险，限隔南北，今日虏军，岂能飞渡耶？"。

开皇八年（588年），陈历祯明三年，隋文帝下了一道诏书："天之所覆，无非朕臣，每关听览，有怀伤恻。可出师授律，应机诛殄，在期一举，永清吴越。"大概意思就是说这个天下都是我的，陈国的子民们，我来解放你们了。然后命人把诏书抄写了三十万张，派人带到江南各地去发传单。这样一来，舆论基础就具备了。陈国老百姓被奴役已久，被杨坚这个隋朝大喇叭一忽悠，大家都以为看到了曙光，纷纷投诚。"起来，不愿做奴隶的人们"，一时之间陈朝上下人心浮动。

那一年，杨广还没那么荒淫、那么无耻、那么堕落，那一年，杨广正年少、正气盛、正英姿勃发。年仅20岁的杨广跟随父亲一起闹革命，被拜为兵马都讨大元帅，鲜衣怒马，气势如虹。他和杨素统领着51万大军大举南下，直逼陈叔宝的爱巢。贺若弼、韩擒虎等为大将，几路分合夹击。建康旋即就被包围了，就像二战中的波兰，躲也躲不开。此时陈朝到处都是隋人兵马，旌旗蔽天，黑云压城城欲摧。到了这个火烧眉毛的时候，陈后主总算有些惊醒过来了，智商渐渐恢复到正常水平。城里的陈军还有十几万人，但是陈后

 被低估的时代——隋朝治世

主手下的宠臣江总、孔范一伙酒囊饭袋之徒都不谙用兵之道。陈后主急得像个女人一样哭哭啼啼，一帮大臣们尽皆手足无措。

是年正月，隋军顺利地攻进了建康城，陈军将士被俘的俘，降的降。兵士到处找不到陈叔宝，后来，捉住了几个太监，才知道原来陈叔宝狗急跳墙逃到后殿投井了。隋军兵士随后找到后殿，隐约看到井里有人，就高声呼喊。

井里没人答应，脑残才会答应，出去不白白送死？

兵士们便威吓着叫喊说："再不回答，我们要扔石头了。"说着，真的拿起一块大石头放在井口，装出要扔的样子。井里的陈后主吓得尖叫了起来。兵士把绳索丢到井里，才把陈后主和他的两个女神拉了上来。只见三人紧紧地抱在一起坐在箩筐中，士兵们一见欢声大笑。

这两个女神一个是孔贵妃，另一个就是张丽华。尤物果然是尤物，不管在哪里都会有市场。她们可以凭借一副好皮囊呼风唤雨，危急时刻还可以保命。自古英雄难过美人关，晋王杨广看到姿容俏丽的张丽华，竟也一时心慈手软，生起了怜香惜玉之情，准备纳她为嫔妃。但是终被好事的高颎阻止了，高颎给他讲"武王灭殷，戮妲己。今平陈国，不宜娶丽华。乃命斩之。"杨广虽然心里奇痒难耐把高颎的话当放屁，但是为了政治作秀给父王看，最后还是不得不对屁话妥

协。张丽华与孔嫔妃遂被斩于青溪大中桥畔，年仅三十岁。后来杨广为此还偷偷伤心了一把。

而陈后主也在几年后押解洛阳的途中病发，见他先王去了。陈家也并没有像《轩辕剑天之痕》里描述的那样，留下了一个又高又帅，人品武功都好的太子陈靖仇。至此陈亡，中国从公元316年西晋灭亡算起，经过二百七十多年的分裂局面后，又在隋文帝的手中重新实现了大一统。

后话：

天下大势，合久必分，分久必合。一统天下，能者为之。隋文帝励精图治，富国强兵，自然当仁不让。卓识远谋，南北朝无出其右，他不愧为千古一帝。西方学者迈克尔·H·哈特更称其为中国历史上最伟大的皇帝。但是陈后主却沉溺于靡靡之音，纵情享乐，留下许多荒唐事供后人耻笑，最后把江山也拱手相让。盖得天下易而守天下难也。温柔乡，亦是英雄冢。如果说隋文帝树立了好皇帝典范，那么陈后主就是塑造了亡国之君的典型。这对于来者本可以为殷鉴，可惜后人哀之而不鉴之，亦使后人而复后人哀也。"地下若逢陈后主，岂宜重问《后庭花》。"几十年后，隋朝也出了个"陈叔宝"。

第二章 江山人才

一、死于言祸

人天生一张嘴巴，生得三寸绵软，既是随身宝，也是祸根。有的人妙语连珠、左右逢源，藉以登上庙堂，闻达诸侯；有的人却口无遮拦，说话不经过脑子，甚至因此身陷囹圄。皇皇汗青里，诸子不胜枚举。前者如大汉谥献侯陈平，后者如隋初上柱国贺若弼。同为开国功臣，然而二人的境遇和结局却如此殊异，可谓"舌不化金，终致富贵；口无刀锋，却能杀人"。

贺若弼，字辅伯，出生在华夏文明的滥觞河南中州。中州位于黄河中下游，太行山脉以东，三皇五帝以来十朝建都于此，历来都是兵家必争之地。历史上的每一次统一大业，都离不开"逐鹿中原"的过程。不知道"天下之中"的壮丽山河有没有在幼年的若弼身上烙下一股刚烈之气，被黄河养育长大的他从小就跟吃了兴奋剂似的，不管走在哪里都是

第二章 江山人才

一副精神抖擞、慷慨激昂的样子。热血青年的他胸怀大志,小小年纪,眼光就早已穿过了苍天之柱的太行山脉,而落在了广袤的九州大地。

他天生一股蛮劲儿,骑马射箭如烹小鲜,而且还博览群书,写得一手妙笔生花的好文章。这样的文武奇才,不消过多的包装炒作,名气就已经传到了庙堂。北周齐王宇文宪惜才,竭尽吐哺,终于把他收为自己的记室(负责撰写章表文檄的官职)。

其父贺若敦也不是泛泛之辈,早年因为武艺忠烈而驰名天下,曾任周朝金州总管,后来因为口出怨言,而被北周晋王宇文护嫉杀。临死前贺若敦对儿子说:"我一定要平定江南,但是这个志向没有实现,你一定要帮我实现遗愿。而且我是因为多嘴而被杀,所以你不可不引以为戒!"说完拿起锥子就向贺若弼舌头刺去,直到鲜血涌出。贺若弼对于父亲的忠告不敢不谨记在心,从此以后心中随时都挂着民国茶馆里经常张贴的那四个大字——"莫谈国事"。这种隐忍的习惯在很多次政治地震中成了他的护身符,助他在各种党争风暴中每一次都能全身而退。

周武帝时,太子经常闯祸,上柱国乌丸轨就对贺若弼说:"太子德行不好,一定不能担当天下大任。你认为呢?"贺若弼小心谨慎,只是笑而不答。后来武帝问到他:"你觉得太子是个怎样的人?"贺若弼不敢引火烧身,就说:"小孩子年少气盛很正常，不过太子的学问日渐提高，微臣没有看到他有什么大的缺点。"事后乌丸轨埋怨贺若弼出卖了自己，贺若弼则回答道："君不密则失臣，臣不密则失身，所以不敢轻议也。"

几年后太子即位，是为宣帝，曾经进谗的乌丸轨被诛杀，而贺若弼却保全了身家。

贺若弼克己隐忍，仕途顺风顺水，不久后，又荣升上柱国。行军大元帅韦孝宽出征陈朝，贺若弼被封为大将，领兵攻克寿阳等数十城，使陈淮南一带尽皆归入北周的囊中。此役贺若弼功不可没，遂被封为寿州刺史，改为襄邑县公。直到杨坚为相，尉迟迥密谋叛乱，才令长孙平代替他的官职。杨坚称帝后，高颎非常器重贺若弼，当着文武百官的面说："当今之世，论文武全才，没有谁能比得上若弼的。"杨坚于是重用贺若弼，在讨伐陈朝之战时任命他为大将。贺若弼连续向杨坚进献了十条谋取陈朝的计谋，杨坚高兴之余送他一把宝刀以示宠爱。

天将降大任于斯人，贺若弼豪情万丈地泼墨挥毫，写了一首诗送给寿州总管源雄："交河骠骑幕，合浦伏波营，勿使麒麟上，无我二人名。"凌云壮志在锦绣文字中表露无遗。

开皇九年（589年），隋朝伐陈，贺若弼为行军总管。临行前他酾酒壮行，在猎猎大纛下对着全军上下说："今日我亲受天子庙算谋略，征讨陈朝，宣扬我大隋国威。解民于倒悬，统一南北。苍天明鉴，长江为证。如果老天助善除恶，我们定当马到成功。如若苍天无眼，就让我们葬身鱼腹，死而无恨。"之后他又命令手下把所有老马都卖了，大量采购船只并藏匿起来，只拿出几只破船出来应敌，在历阳树立许多旗帜，遍布军营，又命士兵像运动会开幕式一样大声叫着跑来跑去。

最初陈朝以为大军压境，急忙从各地调来兵马抵御。几次三番后，才发现原来是隋军虚张声势，所以后来不管隋军怎么喧嚣，陈军都纹丝不动。狼来了的故事本来是用来教化孩童的，贺若弼却用它来行军打仗。看到陈军开始放松警惕，贺若弼知道时机到了，率领大军大举南渡。毫无防备的陈军被一击即溃，首领亦被抓获，在牢笼里检讨《孙子兵法》。

隋军军纪严明，所到之处秋毫无犯，所以老百姓也不武装反抗。有些士兵跑到民间去买酒来喝，贺若弼知道后就下令处斩。进军到蒋山的白土岗时，敌我两军陷入了相持战，隋军开始渐渐后退。贺若弼算到对方开始骄傲了，而且也已经疲劳，就命将士一鼓作气，大败敌军。陈将萧摩诃被擒，本该处斩，临死前却神色自若，贺若弼欣赏他的气节，便令人把他放了，以礼相待。

贺若弼率军攻进陈朝皇宫时，韩擒虎早已抢先一步抓住了陈叔宝，并在他面前大肆炫耀。贺若弼心生恨意，当下就和韩擒虎对骂了起来，骂着骂着两人便拔剑相拼。

班师回朝后，贺若弼立了大功，皇上高兴地让他登上御座，对他加官进爵，还把陈叔宝的妹妹送给他为妾。不知"天高地厚"的贺若弼此时已经完全沉浸在满朝文武的溢美之词中了，先是和韩擒虎争功，后又居功自傲，自认有宰相之才，经常当众责难杨素和高颎。不久贺若弼就因言获罪，被下放监狱，贬为布衣。皇上惜才，一年后又恢复其爵位。贺大嘴巴不仅不痛改前非，还愈演愈烈，有次隋文帝大宴宾客，命他作诗，他写出来的句子满纸牢骚，全都是抒发心中的不满和愤懑。好在杨坚是个大度之君，没有深究。

后来隋炀帝即位，问贺若弼："杨素、韩擒虎、史万岁三人都可以称为良将，你认为他们孰好孰坏呢？"贺若弼得意地答道："杨素是猛将，非谋将；韩擒虎是斗将，非领将；史万岁是骑将，非大将。"言外之意就是："举国上下可称为良将者，唯有远在天边近在眼前的，在下！"但是剧情并没有像贺若弼心里描绘的那样"皇上龙颜大悦立马重用他"发展下去。相反的，从此炀帝却越来越疏远这个自大狂了。

大业三年（607 年），隋炀帝巡行北方，贺若弼和大臣们私下八卦皇上的坏话被人揭发，因此被斩，时年六十四岁。妻儿没籍为奴，下人也被发配边疆。

"勿使麒麟上，无我二人名"，一语成谶。贺若弼在人生风光得意之时，忘乎所以，口无遮拦，最终身首异处，死在了自己的大嘴巴上。

子曰："君子讷于言而敏于行。"永远不要低估老祖宗留下来的处世智慧。历史就像一面镜子，映照出来的贺若弼的反面是汉代开国元勋之一的陈平。陈平是刘邦身前五大谋士之一，虽然出身草莽，一文不名，但是非常善于察言观色，见机行事。一条三寸不烂之舌，敌得过千军万马。

他刚投靠刘邦不久，就有人向刘邦状告陈平反复无常，侍奉多主。刘邦就质问陈平，陈平灵机一动，答道："我曾经跟随魏王和项王，但是他们任人唯亲，埋没人才。我听说大王您很会用人，所以才来投靠你呀。"刘邦听完后不但不责罚他，反而更加器重。

后来陈平游说楚军，巧施离间，为大汉的建立立下了汗马功劳。刘邦称帝后，陈平又设计诛杀韩信、脱困匈奴，进一步稳定了这个风雨飘摇的新生政权。但是当刘邦对他加官进爵时，他却坚决推辞，表现出一副淡泊名利的样子。这让生性猜疑的刘邦对他防备顿减，陈平也因而避免了兔死狗烹的结局。

后来吕后擅权，陈平和周勃设计废除吕姓诸王，拥立孝文帝。功成之后陈平又托病请辞，把辅政大臣的尊位让给了周勃。直到周勃死后,陈平才接替了他,担任丞相。就这样,陈平的韬光养晦在多次政治灾难中保护着他,一直到寿终正寝。

后话:

隋文帝曾对突厥人说:"得到贺若弼,那是上天的恩赐啊!"可见皇上爱他如此,可惜他不以自重,反而更加矜傲。这样一位有功于南北统一的一代名将,原本可以作为开国元勋,进驻麒麟阁,受历代皇家香火,最后却死于口舌之祸,实为可惜。南宋史学家徐钧有诗云:"乃翁永诀语堪悲,果定江南副所期。守口未能终死舌,如何忘却刺锥时。"祸从口出,不可不知也。尔其无忘乃父遗言!

二、擒虎猛将

和贺大嘴巴命运相似的还有另外一个人,韩擒虎。

韩擒虎也出生在人杰地灵的中州,和贺若弼是老乡。不过老乡见老乡,不仅没有两眼泪汪汪,反而因为争功而打起了架,这一打就打出了两人的悲剧命运。

父亲韩雄,官至北周大将军,声名隆盛。韩擒虎少年时代和贺若弼极为相像,没有像其他孩子一样整天扎堆疯玩,而是长年呆在书房里,遍观诸子百家经史韬略。这样牺牲童年,换来的是日后的满腹经纶和机智权谋。据说韩擒虎原名本来叫作"韩擒豹",十三岁时亲手生擒了一只老虎,遂改名为韩擒虎。

年岁稍长,韩擒虎便出落得英伟挺拔,身材魁梧高大,气度不凡。周太祖宇文泰第一次见他时就感觉此人与众不同,男子汉之气十足,有一股凛然正气,于是就有意让他和诸王子们经常在一起交往游玩。

后来韩擒虎因军功被拜为都督、新安太守,不久又升迁为仪同三司。父亲去世后,他又承袭父亲的爵位被授为新义郡公。建德六年(577年),周武帝伐齐,齐国将领独孤永业在金墉城负隅顽抗。韩擒虎趁周军大胜,敌军军心动摇之时,巧施口舌说服了独孤永业归降,之后又率军平定了范阳。加官上仪同,拜永州刺史。后来陈朝军队进犯光州,韩擒虎又被拜为行军总管,多次克敌制胜。

就在韩擒虎仕途一帆风顺之时,称帝不久的杨坚就开始了浩浩荡荡的统一大业。齐国灭后,南北朝就只剩下弱陈还在苟延残喘。杨坚兴利除弊、修文偃武几年后,国力已经相当强盛。陈后主是个草包皇帝,整天醉心香艳宫闱,朝纲不振。此时正是决战的大好时机,杨坚以杨广、杨素为帅,又佐以善战骁将,拉开了进军江南的序幕。点兵点将就点到了贺若弼和韩擒虎,这给了韩擒虎一个扬名立万的绝佳机会。

韩擒虎被授予庐州总管的要职，伐陈时又被拜为先锋。他率领五百士兵趁着天黑敌人防御松懈之际，悄悄渡过长江，偷袭采石。杨素带领水军牵制长江沿岸的陈国陆军，杨俊部队又在上游割断陈军的后援，杨广战六合，贺若弼攻广陵。几路大军既有分工又有配合，把陈军将士打得防不胜防。眼看陈国就要全军溃败了，韩擒虎从庐江一口气杀到建康，兵临城下的陈叔宝吓得赶紧放下怀中美人，生平第一次穿上龙鳞宝甲，趔趔趄趄地骑上战马亲征。令萧摩诃、樊毅、鲁广达三虎将为都督，又派樊猛带水军坚守白下，皋文奏镇守"姑苏城外寒山寺，夜半钟声到客船"的姑苏。

后来萧摩诃被贺若弼所擒，韩擒虎半天就拿下了姑苏城，陈国樊巡、鲁世真、田瑞这几个识时务的将领看到隋军势如破竹，锐不可当，都跑到城门前来向韩擒虎磕头投降。杨广把此事上报隋文帝，隋文帝高兴得设宴大赏群臣。江南一带的百姓争相传诵韩擒虎的威名，把他当成天兵天将下凡一样，都箪食壶浆来到军营拜见。杨广派行军总管杜彦和韩擒虎一起带领两万精兵直趋建康城，陈叔宝派领军蔡征在朱雀门抵抗，又让镇东大将军任忠从吴兴赶来支援。陈军士兵听说韩擒虎这个神一样的人物来了后，吓得精神分裂，扔下兵器就跑了。这时隋朝各位大将都在各地卖力地牵制陈军，导致陈国京城建康一时成为坐以待毙的空城，防御指数约等于零。韩擒虎亲率五百名壮士冲进朱雀门，毫无滞碍地进入了皇宫，一件流血事件也没有发生。

陈军残余本想抵抗，被贺若弼打败后逃回建康的任蛮奴却挥手说道："老夫我都投降了，你们又何必再垂死挣扎，大陈气数已尽了。"于是士兵们你看我我看你，都放下了兵器，化身为吃瓜群众，和老百姓一起抱着看热闹的心态，眼睁睁看着韩擒虎的人马在城里大摇大摆地驰骋。陈朝皇宫富丽堂皇，陈叔宝又雅好诗文管弦，把皇宫修得像个琼楼玉宇。宫中宝物无数，美女成群。韩擒虎大吼一声："兄弟们冲啊！想要啥就拿啥。"手下们被胜利的喜悦冲昏了头，看到奇珍异宝就抢，遇到美丽宫娥就拉过来奸污。

在手下们疯子一样狂欢的同时，韩擒虎和几个副将正在偌大宫殿里到处转悠。他左看看右瞧瞧，并不是为了欣赏陈宫华丽的装饰，而是在找一个人——那个草包皇帝陈叔宝。陈叔宝和两个爱妃躲在后殿的枯井里，不过这对苦命鸳鸯最终还是被韩擒虎找到了。陈国到这里就正式灭亡了，陈叔宝被封为亡命侯。韩擒虎带着一身荣耀昂首阔步地回到朝廷，却遇到贺若弼争功。贺若弼嫉恨他先自己一步进入陈宫，又抓到了陈后主，就对皇帝说："臣亲率大军在蒋山和敌军死战，在血泊里奋力厮杀，敌人见了我就怕。我大败陈军，还俘获他们的将领，勇猛威武无人能敌。韩擒虎很少亲自上阵，他怎么能和我比呢？"

韩擒虎又说："本来圣上下旨让我和贺若弼一同进攻伪国的都城，他却为了争功违抗旨意，自己一个人带兵先去杀敌，让好多兄弟都惨死。臣只带了五百名手下，没有流血牺牲，就轻易地进入了皇宫，擒得陈叔宝。贺若弼到傍晚才赶来，臣让手下打开城门，他才进得来。他违抗军令，赎罪还来不及，怎么能和我比呢！"

韩擒虎和贺若弼就这样"两小儿辩日"似的争论了半天，隋文帝笑道："你们两个都是朕的左臂右膀，功劳天下无双。"并下诏："此二公者，深谋大略，东南遘寇，朕本委之，静地恤民，悉如朕意。九州不一，已数百年，以名臣之功，成太平之业，天下盛事，何用过此！闻以欣然，实深庆快。平定江表，二人之力也"并对他们说："平定江南，使分裂几百年的九州又重新归于统一，这些全是你们的功劳。"然后赐给二人锦帛八千段，封为上柱国。然而世事波折，总是跳不出乐极生悲的窠臼。后来因为衙门弹劾韩擒虎进入陈宫后放纵手下淫乱，所以皇上又撤去了他的爵位和食邑。韩擒虎知道自己闯祸了，后悔不已。

有一次突厥使者来访，隋文帝想要宣扬国威，就颇为得意地问使者："你们知道江南曾经有个陈国天子吗？"使者说："知道。"隋文帝让左右把使者带到韩擒虎面前指着他说：“这就是亲手捉住陈国天子的猛将。”韩擒虎把两只牛眼怒睁，瞪着使者，吓得他浑身颤抖，使者差点变成死者。隋文帝大为高兴，封韩擒虎为寿光县公，食邑千户。又先后拜他为行军总管和凉州总管，守卫边疆。

后来皇帝想念他，便召他回京，对他待遇优厚。据《隋书》记载，不久有一人病重，神色慌张地跑来求见韩擒虎，家丁问他作甚，他回答说："我要见王。"又问他："什么王？"他说："阎罗王！"手下本来要驱打他，却被韩擒虎制止了，他哈哈大笑道："生前做上柱国，死后当阎罗王。这倒也不错。"就在说完这句话的几天后他就去世了，寿终五十五岁，死后其子继承爵位。

纵观"二十四史"，虽然不乏以神迹异象附会帝王世家的地方，但是对于"怪力乱神"之事却多有忌讳。然而正史中却对韩擒虎穿行阴阳两界的故事大书特书，可见这个传说在当时早已深入人心，就连字斟句酌考据成癖的史官也忍不住为它留下一笔。

后话：

江南人曾做一歌谣："黄斑青骢马，发自寿阳边。来时冬气未，去日春风始。"韩擒虎平陈之际常骑着一匹青骢马，此歌正是颂他使江南地区的百姓摆脱了苦境。他勇猛善战，又帮隋文帝完成了统一大业，可以说功盖当世。却因和贺若弼争功，而露出了人性斑斓的一面。赵国时的廉颇和蔺相如也有过嫌隙，后来却为了齐国大计重归于好，在这点上韩擒虎和贺若弼远远不如。所幸的是韩擒虎口密自持，终被重用，得以寿终正寝。《隋书》评："韩擒虎累世将家，威声动俗，敌国既破，名遂身全，幸也。"

韩擒虎一生军功显赫，他的外甥李靖也不惶多让，日后更是被称为大唐军神，用兵如神，被李世民视为国之柱石。若擒虎有知，也足以告慰泉下了。

三、法不畏死

皇帝贵为一国之君，在封建君主专制的社会体制里，执掌生杀大权，且不说伴君如伴虎，至少谁也不敢轻易冒犯龙威。就连以纳谏著称的唐太宗李世民，也曾被魏征的逆耳忠言气得吹胡子瞪眼，扬言要杀了他，幸好贤明的长孙皇后及时规劝才得以平息怒气，保全了一个栋梁之材。但是在隋朝偏偏就有这样一个不怕死的人，把冒犯皇上当成了家常便饭，可谓是天下第一抬杠人。

此人非痴非傻，三观正常。不仅不傻，而且还聪明绝顶，官至大理寺少卿。他如此乐于和皇上抬杠，全是源于身上那股刚正不阿之气，用现在的话来讲就是一个司法官的职业操守。

赵绰，生卒年不祥，祖上渊源不祥，生平事迹不祥。这样一个背景模糊的人,就像从天而降一样,却被历史记住了,在浩瀚汗青里熠熠生辉。一提到隋朝,很多人都知道有一个"法不畏死"的赵绰。翻开史书,却只有关于他"处法平允,考绩连最"的记载。或许是千百年来人们出于对公正司法的尊崇,又或许是手执汗青的史官有意为之的春秋笔法,让他的人生缩小到执法这一个片段,又无限放大到人性底线和不畏强权这些普世价值上来。

躬逢乱世,南北混战。战火破坏的不仅是家园田地,还有伦理纲常。那时许多人都放弃了做人底线,而选择了蝇营狗苟。但是赵绰是一个有道德洁癖的人,在那个理想被嘲笑的年代,却始终如一地秉持着正直和刚毅的原则,在北周被任职为天官府吏,又因为"恭谨恪勤"被擢升为夏官府下士。后来因为父亲去世而辞职,丁忧中的他悲伤得骨瘦如柴,因此孝名远扬闾里。

杨坚当上皇帝后,知道赵绰为人正直,就把他任命为大理丞,后来又因为他"处法平允,考绩连最"而提拔为大理正,相当于现在的全国最高司法长官。开皇初年,隋文帝刚开始修治律令,法制还未深入人心。社会上隔三岔五就发生偷盗抢劫的案件,并且屡禁不止,隋文帝大怒,下令凡是抓到这些盗贼,全部处斩。但是赵绰却对隋文帝说道:"律者天下之大信,其可失乎!"他认为盗贼虽然可恶,然而根据律令,罪不至死。法律是天下的行为准则,难道可以随便违反吗?隋文帝听取了他的意见,便打消了盛怒之下的那些念头。

虽然赵绰仁慈宽厚,但是遇到理应重罚的案件也绝不留情。他的政治素养很高,秉承赏罚分明的原则。陈国降将萧摩诃的儿子萧世略在江南起兵造反,按照法律规定,其父萧摩诃应当连坐受刑。但是隋文帝却说:"世略才二十来岁的小孩子,他懂什么?不过是因为他是名将之后,有点声望,被别人逼迫造反罢了。"执意要赦免萧摩诃。赵绰严词拒绝,表情肃穆地说:"根据大隋律令,萧摩诃应该重罚,还请陛下谨遵法度。"文帝知道,眼前这个倔家伙又要开始和自己抬杠了,就对他说:"吃饭时间到了,赵爱卿你可以退朝了。"想要支开他,然后再赦免萧摩诃。然而这"不识时务"的赵绰并不买皇上的账,就赖在朝堂不走了。

他说道:"微臣上奏的案子还没有得到批复,不敢退朝。"

文帝心想这人头真铁,完全不给自己这个堂堂皇帝面子,索性不顾他了,就绕开三省六部强行越权下令赦免了萧摩诃。

隋文帝统一货币后,全国禁止使用不合格的劣币。有一次京都有个人拿劣币去交换好币,被官府缉拿归案。禁令刚下达就有人顶风作案,文帝气得下令将罪犯砍头。赵绰接到命令后,跑到宫中对文帝说:"刑律规定使用劣币受罚几十大板,不能处死,还望陛下三思。"

文帝直接恼了:"这是朕的旨意,关你什么事?"赵绰又说:"陛下不嫌弃微臣愚钝,任命微臣当大理寺少卿,掌管天下刑狱。现在遇到违背刑律的处罚,怎么能说不关我的事呢?"隋文帝大发雷霆:"撼大木不动者,当退!"赵绰却回答:"臣想要感动上天的心,更何况一棵大树而已。"文帝怒不可遏了:"喝汤时要是太烫,你就应该把它放在一边,你想无视天子的威严吗?"赵绰并没有被淫威吓退,反而继续挑战皇上的极限,在朝堂上长跪不起。此时文帝所有的理智都被一把怒火烧得殆尽,准备马上下令处死这个蒸不烂煮不熟捶不扁炒不爆的赵蛮子,好在后来治书侍御史柳彧帮赵绰说情,赵绰才得以保全性命。

当时有个叫辛直的官员有个奇怪的癖好,喜欢穿红色裤子,有人就告发他搞迷信活动。文帝生平最讨厌巫蛊厌胜之事,这次又要大开杀戒了。不出所料,赵绰这个抬杠能人的身影又出现了。

"辛直没有犯罪,请陛下撤回命令啊!"赵绰跪在文帝面前,抬起头来用哭丧一样的腔调大喊道。

文帝都快崩溃了,怎么你又来了?像个同步卫星似的我走到哪儿你就跟到哪儿。"你要是想救他,那就用你自己的命来换吧。"

谁知这赵绰竟然一脸的大义凛然道:"如果可以,那就

被低估的时代——隋朝治世

请取我的命吧!"

文帝命宫中侍卫上来剥去了他的衣服和官帽,心里得意地想着:"小样儿,就看你怎样苦苦求饶吧。"没想到赵绰死也不肯低头,长跪在地,挺直了身板儿:"臣一心执法,不畏一死。"文帝原本并没有杀他的意愿,只是想吓唬吓唬他而已,不料他骨头如此之硬,无可奈何只有把他放了,几天后又亲自去慰问他。

和赵绰同属于大理寺的来旷嫉妒赵绰受宠,就在皇上面前诬告赵绰说他徇私枉法。文帝看完奏章后什么也不说,给来旷提升了官职。后来文帝派人暗中调查此事,得知全是来旷构陷毁谤,大为光火,就下令要把来旷处斩。文帝以为这次受死的是陷害赵绰的小人,赵绰应该不会再来阻拦了吧。

谁知几天后,"阴魂不散"的赵绰又来了。还是原来的味道,姿势一如既往地跪地伏拜。

赵绰说道:"臣知道来旷诬陷于我,但是罪不该死。"隋文帝大不高兴,拂袖而去。赵绰跪在地上大喊:"来旷的事臣不再提了,不过这次来还有一件事,请皇上容我禀奏。"文帝和赵绰较量了无数次,心想这次他终于肯服输了,就欣喜地让他如实道来。赵绰道:"微臣有三条罪状,还请陛下发落。其一,臣身为大理寺少卿,没有管好下属,以致使来旷犯罪;其二,来旷罪不该死,臣无法据理力争;其三,臣急忙进宫，并非有什么大事，而是因为心里为来旷着急，因而犯了欺君之罪。"文帝听完后哈哈大笑，旁边的独孤皇后也很欣赏赵绰刚正不阿的精神，便命手下赐了他两杯酒。之后来旷被免去死刑，改为革职流放。

文帝冷静下来后觉得赵绰为人刚正，有这样的人掌管大理寺是国家之幸，从此对他恩宠有加，经常召他进寝宫论事，有时遇到文帝和皇后同寝，就叫赵绰在一旁坐下。

后话：

赵绰不买人情账，身为司法官，秉公执法。重其重罪，轻其轻罪，赏罚分明，处置得体。他不为皇权折腰，多次冒死进谏，触犯逆鳞，以一己之躯，在那个皇权至上的时代，保全了大隋相对的司法公正。如此刚正不阿，让人既敬且服。高山仰止，流芳百世。不过，赵绰这种耿直之士，也唯有适逢从善如流的明君才能施展抱负。如果他侍奉的是一位拒谏饰非的残暴昏君，也许早就身首异处了。所以他的存在，也是一种历史的天时地利人和。

四、神机妙算

庾季才是当时最有名的术士，虽然浪迹江湖，但是知名度却远远超过了同为术士的北周大臣来和。名门之后的庾季

被低估的时代——隋朝治世

才从小就聪慧过人,八岁时就能把儒家经典《尚书》倒背如流,十二岁又精通《周易》和筮卜之术。

邻居们也许做梦也不会想到,这个和康德一样喜欢仰望星空的孩子将来有一天会位列人臣,成为天下最出名的术士。

锋芒初露的庾季才小小年纪就被梁朝庐陵王赏识,封为荆州簿,后来湘东王萧绎敬重他的学问,又请他担任外兵参军。中书省建立后,梁元帝萧绎又提拔他为中书郎,兼任太史一职,负责编写史书和掌管祭祀、国家典籍、天文历法等事宜。庾季才虽然满腹才华,却没有自古才子们惯有的自矜。他看淡名利、与世无争,一直想寻求机会辞去太史一职,梁元帝爱惜人才,便挽留他说:"汉代的司马迁和魏代的高堂隆都担任过此职,你又怕什么呢?"季才无言推辞,这才继续留任了下去。

梁元帝平时也喜欢研究星象,颇懂天文历算之术。有一次他和庾季才一起仰望星空,看出了不祥之兆,就问庾季才:"星象有异,我担心会祸起萧墙啊。怎么办呢?"庾季才说:"我从星象中看出来,不久魏国军队就会攻进郢州,所以陛下你应该派兵防守荆、陕一带,然后自己回到都城,以远离战火。"梁元帝当时听了后深以为然,但是私下和吏部尚书宗懔等人商讨后又放弃了回都的决定。不过,庾季才可比章鱼保罗靠谱多了。没过多久，他所预言的一切全都真实地发生了，江陵陷落，梁国灭亡。而梁元帝也因为没有听从庾季才的劝告，最终在江陵失守后白白丢掉了性命。

后来北周代魏，太祖宇文泰对庾季才的神机妙算早有耳闻，非常恭敬地把他请来担当太史一职。每次征伐行军都要把他带在身边咨询意见，并赐给他房宅田地，对他说："先生你本来是南方人，现在在北方一定经常思念着回去。你只要肯为我卖命，立下功劳，将来一定会有享之不尽的荣华富贵的。"

西魏灭梁时，许多官吏和士绅都流落成了奴隶，庾季才把皇上恩赐给他的财宝全都变卖了，拿来救济从前梁国的那些亲朋好友们。当时担任北周大将的杨坚就感到好奇，问他为什么要这样做，庾季才回答道："当年魏国攻占襄阳，首先就是表彰蒯异度，后来晋国占据建业，也优待陆士衡。攻伐他国而求人才，这是古圣先贤的作风。我不知道梁国的官绅到底犯了什么罪，要被贬为奴隶。我是外来人，不敢多言，所以只有自己出钱救他们。"杨坚把此事转告给了周太祖，太祖深感惭愧，说："感谢你提醒我，我差一点辜负天下苍生啊！"于是赶紧下令放还了所有的梁朝奴隶。

后来庾季才和王褒、庾信三人被补为麟趾大学士，又慢慢升到邵伯大夫、车骑大将军和仪同三司等要职。当时宰相宇文护专权，把持着北周朝纲，很多人都想推翻他。有一次，宇文护问道于庾季才："最近夜观天象又有什么心得？"庾季才直言不讳："您待我恩重如山，如果不说实话那就太对不起您了。我发现不久天道就会有变，所以丞相您最好还是归还政权，自己告老还乡，求个自保吧。"

宇文护吓了一跳，但是还是贪恋权力，就说："其实我早就想辞官归隐了，但是皇上不答应呀。"并且从此以后渐渐和庾季才疏远了。这次庾季才的预言继西魏伐梁之后又如实上演了，不久周武帝就夺回政权，宇文护被满门抄斩。武帝亲自检查宇文护的来往信札，所有有牵连的人都受到了处罚，唯独赦免了庾季才。因为庾季才那两封信是劝宇文护放弃政权，全身而退的。武帝对人赞赏说庾季才很本分，赐给他粮食三百石，锦帛两百段，又升他为太史中大夫。并且命他撰写《灵台秘苑》，封临颍伯，食邑六百户。周宣帝即位后，庾季才又被加封为骠骑大将军、开府仪同三司。

古人讲究"天人合一"，常把人世置于宇宙这个大系统之中来进行研究，以此来推测事物的发展规律和趋势。自先秦以降，占星术就开始流行，但是古代天文学家的大部分著作都没有流传下来。庾季才所著的《灵台秘苑》，记载了三百四十五颗恒星的赤道坐标，是我国现存最早的占星著作，也是第二份星表。

政坛风云变幻，尤其在动荡的南北朝，有时甚至一月换一个皇帝。那是一个皇帝批量生产的时代，也是一个旦夕祸福人人自危的时代。虽然经历了梁朝、周朝,以及后来的隋朝,但是庾季才的仕途并没有受到影响。在许多前朝故旧都命运坎坷的时候,他却如履平地,在各种政治旋涡里来去自如。

杨坚当上宰相辅政后,曾经在夜里召见他,询问自己的前途,庾季才说:"天道难测,但是就人间之事来看,符兆已经出现,不久就会改朝换代。就算我不说明,您难道会效仿箕、颍(相传上古尧时,贤者许由为了避让帝位,隐居于箕山之下,颍水之阳)的事情吗?"杨坚沉吟了许久,才意味深长地说了句:"我现在是骑虎难下了,不过谢谢你的好意,我会考虑的。"之后赐给庾季才彩缎五十匹,绢两百段以示感谢。

周静帝大定元年(581年)正月间,庾季才观察天象后对杨坚说道:"本月戊戌之晨,将会有一道像城阙一样的青气出现在天空,变成紫色后会向西方飘荡。《气经》里面说:'天不能无云而雨,皇王不能无气而立。'如今王气已经出现,我们应该顺应天道。周武帝甲子日定天下,周朝传八百年,汉高祖甲子日登帝,汉朝传四百年。今年甲子日,你应当接受天意即位。"杨坚接受了他的建议,在二月甲子日接受禅让,自立为帝,从此开创了一个崭新的时代。

开皇元年(581年),隋文帝打算迁都,夜里和高颎、苏威几人商议决策。第二天庾季才对杨坚说:"微臣夜观天象，卜筮演算，建议陛下迁都。而且长安城自汉朝建都以来，城中宫宇朽蠹，地下水流通不畅，已经又脏又咸了，实在不适宜居住。"

迁都一事秘不示人，昨晚方才和几位亲信讨论，庾季才竟然能未卜先知，莫不是神仙下凡。杨坚大感惊奇，对高颎说："庾季才真神人也！"有了庾季才的建议，杨坚更加坚定了自己的决定，不久后便下令迁都，在原汉长安城城址的东南方修筑了一座新的城池，名为"大兴"。

从此以后文帝对庾季才更加器重了，几乎所有重大事宜都会向他咨询，并对他大加封赏，赐其公爵，荫及子孙。

然而庾季才并无久居庙堂之心，他多次请求辞官，都得不到皇上的批准。后来张胄玄的新历颁布，袁充又上书论日暮影长。皇上询问庾季才的意见，庾季才说袁充的论点狗屁不通，实在荒谬。不知道庾季才是不是有意为之，皇上听后龙颜大怒，免去了庾季才一直想辞而没有辞去的官职，给了他半年的俸禄，让他回家养老。离职之后，皇上遇到什么祥异，还经常派人去他家里询问。

庾季才心宽体胖，是个欢乐的小老头，告老还乡之后经常和朋友们一起喝酒游玩。直到仁寿三年（603年）才去世，寿考88岁。

后话：

庾季才神机妙算，虽然生于板荡，长于乱世，他却因为自己术数方面的才华和隐忍自持的个性而多次被重用，一生充满传奇色彩。历仕多朝，却依然顺风顺水。政坛诡谲，他始终能矢志自守，不为恶人张目，犹如空谷幽兰，洁身自好，不与世争。在功成之后，又深谙退隐之道，避免了兔死狗烹的历史定律。自古雄才多磨难，而庾季才是个例外。

五、忠良被害

和杨素齐名的是被人们称为"隋朝第一忠臣"的高颎，他一生为了大隋鞠躬尽瘁，于己不求富贵不望闻达。他宽厚、谦虚、隐忍、慈悲、忠义……可以说是古今人品之集大成者。然而这样一个乱世之忠烈、治世之能臣，却被小人谗害，死在了自己一手经营出来的锦绣盛世里。

高颎的父亲本是独孤信的幕僚，官至刺史。独孤信因赵贵谋反一事被株连鸩杀后，独孤伽罗一直把他当成娘家人来对待，亲近有加。她十分疼爱高颎，便叫杨坚重用这个"娘家遗子"。

杨坚做了北周宰相后，总揽朝政大权，暗地里一直对皇位念念不忘，有意取而代之。他知道高颎明达世务，素有文韬武略，于是便想将他引为自己的幕僚，就派了邗国公杨惠前去游说。一番附耳密谈之后，高颎心领神会，高兴地回答道："承蒙不弃，我愿意任杨公驱使，共图大业，就算失败

 被低估的时代——隋朝治世

也不惧怕遭受灭族之灾。"从此以后,高颎就被调去任丞相府司录(相当于丞相的秘书,总录一府之事),成了杨坚的心腹之臣,备受器重。

当时尉迟迥拥兵自重,杨坚派韦孝宽前去镇压,韦孝宽走到半路上就被声势浩大的叛军吓了回来。杨坚又派崔仲去监军,崔仲又找借口说父亲生病要尽孝侍奉左右。杨坚想要委任郑译和刘昉,谁知郑译和刘昉干脆不来上朝了。这帮贪生怕死的大臣,这时候全都变成缩头乌龟躲了起来。

杨坚刚上位,因权力分散而感到力不从心。正当他焦虑之时,高颎站了出来,他毛遂自荐请求领兵平叛。烫手山芋终于有人敢接了,杨坚大喜过望,趁高颎还没反悔之前马上拜他为大将。高颎一来到军营中就告慰将士,商讨计策。军队在他的鼓舞下士气大振,一举平定了尉迟迥的叛乱。高颎也因为这件事当上了相府司马,成为杨坚的股肱之臣,后来又被任命为尚书仆射,兼左卫大将军,统率皇家禁军。

隋朝建立后,高颎官拜左卫大将军,后又升为大丞相,帮助杨坚主持政局。不久后高颎的母亲就去世了,按照古代"子生三年,然后免于父母之怀"的丧葬习俗,无论官职大小,都要回家守孝三年,于是高颎就毅然辞官还乡服丧。但是仅仅才过了二十天,隋文帝就急敕诏书令他返京任职,高颎这个大孝子涕泗横流地坚决推辞,最终还是拗不过皇命

如山。

在高颎的主持下,朝廷增删旧律,颁布新法,迁都大兴,改革弊政,推动了三省六部制的建立,从改革政治、经济、军事、文化等方面巩固了隋朝的统一和稳定,并对后世产生了深远的影响。

新朝初立之时,文帝论罪诛杀了造反的王谊、刘昉等人,许多大臣为此感到十分寒心,都开始人人自危起来,高颎便在他们中间游说,替隋文帝开脱,团结人心。渡江攻陈时的功臣贺若弼最开始担心隋文帝那把已经杀了好几位功臣的刀终有一日也会架在自己的脖子上,就不愿意接受隋文帝的任命,高颎就对他动之以情晓之以理。"你和他们不一样的,他们是造反,自取灭亡,你是立功,皇上不会无缘无故杀你的。"贺若弼听后放下了心理障碍,于是就接受了任命。

隋文帝修订律法后,尤其注重防范官员犯罪,所以吏治甚严,也因此,隋朝大部分官员都清廉爱民,一时河清海晏、国泰民安,开创了历史上有名的"开皇盛世"。

杨坚从严治吏,不敢怠慢,三子秦王杨俊担任并州总管时生活奢糜,把外国进贡的香料涂在墙壁,又用金银美玉砌成台阶。在屋子里到处摆起镜子,和成群的美女一起昼夜欢乐。府邸上灯火通明,夜夜笙歌。杨俊

"纸醉金迷浮华梦",日子过得逍遥自在,府邸俨然成了一个国中之国。此事传到了文帝耳里,龙颜大怒。根据国法,杨俊理应被免职。很多大臣都以为文帝只会做做样子给天下人看,虎毒尚且不食子,皇上怎么可能会拿自己的亲儿子开刀,而且皇上和皇后一直坚持"一夫一妻制",膝下仅有五子。

尚书仆射杨素狡狯精明,心想此事是一个拉拢秦王的好机会,于是就自作聪明地给文帝找台阶下,他说:"秦王不过是建了一些宫殿,多花了一些钱,并没有什么大的罪过,还请陛下三思。"没想到献媚不成反招一顿臭骂,文帝大怒道:"难道我只是太子杨勇、晋王杨广、秦王杨俊、蜀王杨秀、汉王杨谅五个儿子的父亲,而不是天下人的皇上吗?天子犯法与庶民同罪,要不然还不如给皇子们专门制定一套法律。"杨素听后吓得胆战心惊,回家后不久就生病了。秦王杨俊被罢免后羞愧而死,手下请求为他立碑,文帝也严词拒绝。

开皇年间,大将军史万岁因受贿而被治罪。隋文帝"法不恕子"在前,看来这次史万岁必死无疑了。但是高颎却来为其求情,他说:"史将军爱惜士兵,打仗时又总是身先士卒,他为大隋立下赫赫战功,功过相抵也罪不至死,陛下还是赦免了他吧。"同为宰相,杨素的诡言媚语惹来文帝大怒,而高颎的据理相劝却声声入耳。文帝遂免去了史万岁的死刑，让他带兵攻打突厥来戴罪立功。后来史万岁屡建奇功，突厥人一听到他的名字就吓得落荒而逃。因为高颎具有远见的劝谏，隋文帝这才为自己留下了一员安邦定国的猛将。

灭陈之后，晋王杨广贪恋陈妃张丽华的美色，想要把她留在自己身边侍奉左右，高颎却极力反对。那时杨广正在处心积虑地谋取太子宝位，迫于政治作秀便没有反对。不过这件事让晋王和高颎也结下了梁子，听到张丽华被处死后，杨广私底下咬牙切齿地说总有一天要报复高颎。

生活没有彩排，每天都是现场直播。高颎心中没有剧本，遇到什么都实话实说，因此和他结下梁子的人实在太多。杨素建造仁寿宫时劳民伤财，随意鞭打民工。高颎看到宫殿修得十分华丽堂皇，而民工的尸骨又堆得像宫殿一样高，就如实上报给了隋文帝。文帝听后大怒："这是让天下人恨我啊！"

经此一事，杨素心中就开始慢慢计划如何除掉高颎了。

乱臣尉迟迥兵败被杀后，他颇有姿容的孙女被收为宫女。此时独孤皇后在岁月之刀的雕刻下已是徐娘半老，虽然风韵犹存，但是诞下五子五女后身材严重走型，渐渐地对隋文帝失去了性吸引力。文帝虽然和她恩爱如一，但是成天生活在美女如云的宫中，难免会有"乱花渐欲迷人眼"的时候。

在原始欲望的驱使下，隋文帝喜欢上了尉迟迥这个美丽的小孙女，经常偷偷和她一起幽会。晚年的独孤皇后把女人与生俱来的天性发扬到了极致，嫉妒使她已经不复年轻时的宽怀和沉稳。越老，反而越像个孩子。得知文帝临幸尉迟女之事后，当年听到有罪犯要处死都要流泪的那个她，却毫不犹豫地命人暗杀了尉迟迥的孙女。

事情传到隋文帝那里后，文帝大为光火，他生平第一次对独孤伽罗发这么大的一次火，仰天长叹之后骑上一匹快马冲出了仁寿宫，放开缰绳让马儿在山谷中乱窜。一直到深夜，杨素和高颎才在深山中找到了文帝。高颎劝慰他说："皇上一统天下，功劳超过秦皇汉武，何必为了一个妇人弃天下而不顾呢？"杨素也道："皇后也是因为深爱陛下，才生出那么大的仇恨呀。还望陛下和皇后重修四十年的恩爱之情。如此，则皇上幸甚，天下幸甚！"后来隋文帝与独孤皇后自然是和好了，但是皇后却因高颎那句"何必为了一个妇人弃天下而不顾"而怀恨在心，处处排挤他。

老年的独孤皇后越来越昏聩，表现出阿尔茨海默症的前兆。影帝杨广又总是在她面前装出一副孝顺仁爱的样子，深得她的欢心。每一次皇后的使者去看望杨广，杨广都要亲自跑到几十里外来迎接。而太子杨勇这个人却一点也不懂爱惜羽毛，毫无心机地把自己的缺点展露出来，喜欢奢侈豪华，又喜欢美女珍宝。独孤皇后越来越讨厌这个大儿子了，于是就提出了废黜太子另立晋王杨广为储君的建议。隋文帝是个

"妻管严"，本来就不满太子的作为，再被皇后这么一怂恿，他也铁定了立杨广为太子的决心。

太子杨勇和高颎是亲家，隋文帝就想试探一下他的想法，说自己梦到神仙对晋王的妃子说晋王将来会统治天下。高颎素来狷介耿直，不会拐弯抹角，便答道："此举不可取，自古以来就是立长不立幼。"从此以后隋文帝也越来越疏远他了。

凉州总管王世积犯罪被杀，独孤皇后派人诬告高颎和王世积结党营私，并且想要谋取天下。隋文帝大怒之下，罢免了高颎的官职，还把他关进了天牢。高颎因为声望隆盛，又深受百官和子民的爱戴，文帝担心失去民心，才让他免于一死。

杨广即位后，高颎以"诽谤朝政"的罪名，和贺若弼同日被杀。

后话：

文帝主外，高颎主内。两人就像夫妻一样配合默契，把大隋治理得井井有条，朝廷上下一心，国家富足强盛。文帝之有高颎，就如同太宗之有魏征。这样的人是家国之幸，却是奸佞之患。自古多少忠良，因为刚正不阿得罪不少小人，而最后落得了个身败名裂。唐太宗李世民每次读到史书中高颎的传记时，都忍不住放下书叹息良久，称赞他为一代良相，并认为隋朝由盛转衰就是从罢免高颎开始的。"朕比见

隋代遗老,咸称高颎善为相者,遂观其本传,可谓公平正直,尤识治体。隋时安危,系其存殁。"(《贞观政要》)

六、大隋名儒

金庸笔下的"老顽童"周伯通古灵精怪,自创天下至柔的七十二路空明拳法,他还有一个"特异功能",就是可以同时左手画圆,右手画方,并据此练成了"以一当二"的左右互搏术。

隋代巨儒刘炫也有这个"特异功能",而且他不仅能一手画圆一手画方,还能同时口诵、目数、耳听五件事同时一起进行,并且没有一点遗漏差错。他生来眼睛就异常明亮有神,可以一直盯着太阳看,头不昏眼也不花。看过一遍的书籍,便能马上一字不落地背诵出来。这些在当时人看来近乎神迹的种种过人之处,其实用现代科学并不难解释。

日本著名教育学家七田真在《超右脑照相记忆法》里说过,经常有目的地锻炼左手可以开发右脑,从而激发出潜意识里无穷的能量。可以培养速读速看速记等等能力,也可以让眼耳口手脑五维达到协调。右脑的思维记忆能力是左脑的一百万倍,从古至今许多右脑发达的人大多博闻强识,充满创造力,比如爱因斯坦和拿破仑等等。

右脑发达的刘炫做起学问来自然也是一日千里,他少年时就聪明伶俐，再加上勤奋的加持，几乎把"三坟五典八索九丘"以来的所有书籍都看了个遍。他和好朋友刘焯一起闭门读书，十年足不出户。虽然箪食瓢饮，生活穷困潦倒，但是精神食粮也是食粮，所以内心还是平静得像湖水一样。十年之后再次踏出门时，刘炫才发现世殊事异，人间，已经不是当初的那个人间了。心中不禁疑问：当今天子是何许人也？

彼时天下格局早已大变，西魏灭亡，周朝建立，北周武帝宇文邕不久前又平灭了齐国。刘炫出道虽晚，但是这十年书也不是白读的，他一入世便光芒四射。瀛洲刺史宇文亢十分欣赏他的博学，就推荐他做了户曹从事，后来又代理礼曹从事。

几经皇朝更迭，刘炫在历史浪潮的裹挟下后来又成了隋朝之臣。最初文帝让他和著作郎王劭一起编修国史，不久又在门下省任职，同时还兼任内史省一职，参与考核审定王公大臣们的言论。文帝还命他和诸学者一起修定天文历法和乐律典章，刘炫博览群书，学问淹通，让他担任文职，这算是才尽其能、学以致用了。当时的文坛名宿内史令李德林和他惺惺相惜，两人来往颇密。

刘炫虽然在朝廷中担任一些风光的职位，但只是帮皇帝打打杂，管理一些征税之事，也没有任何名爵。他对此满腹牢骚,就让内史省官员帮他把想法转达给主管官员任免的吏部。吏部尚书韦世康就问刘炫:"你想要名爵可以,但是你能告诉我你有什么过人的才华吗?"刘炫自信满满地写了一大片,大意就是说:"只要是古人为《周礼》《礼记》《毛诗》《尚书》《春秋公羊传》《左氏春秋传》《孝经》《论语》等等这些书所作的注释,比如孔安国、郑玄、王肃、何休、服虔、杜预,一共十三家,我都能够讲解教授,而《周易》《仪礼》《春秋谷梁传》这些用功则稍微少了一点。另外史子文集,嘉言美事我也烂熟于心。天文律历,究核微妙。至于公私文翰,未尝假手……"韦世康最开始还以为刘炫在吹牛,这么多书籍,如此广博的学问,发育正常的人类怎么可能全部都精通?后来十多个有声望的名人都出来担保刘炫所言不虚,韦世康顿时就对他刮目相看,把他升为了殿内将军。

然而仕途多舛,刘炫好不容易"要"来的一个官职,却马上又因为"造假书案"而被夺回了。

开皇初年,隋文帝听取大臣牛弘的意见,寻求购买已经散失的古书。刘炫灵机一动,自己撰写了几部书籍,题名为《连山记》《鲁史达》等,冒充古书卖给了官府。后来被人告发,刘炫差点把老命也丢了。他也因罪被除名,罢免一切官职爵位,后来回到乡下教书为生。其实刘炫也是那个特定历史背景下的时代悲剧之一，隋文帝晚年不重视儒生，许多儒生为了生计，就不得不使用一些违背仁义道德的无耻伎俩。仓廪实而知礼仪，衣食足而知荣辱。温饱都难以解决，还大言炎炎地谈什么孔孟之礼圣人之言？《隋书》里面记载："此所以儒罕道人，学多鄙俗者也。"

刘炫在老家传道授业解惑，成天对着一群调皮捣蛋的黄毛小孩宣讲经义学说，虽然没有高官厚禄和宝马香车，但是远离政治中心，倒也乐得清闲自在。

然而，他的盖世才华注定了此生不得清闲，不久太子杨勇就下令让他去侍奉蜀王杨秀，刘炫觉得宫廷诡谲难测，还是和孩子们待在一起比较有安全感，所以就故意拖延搪塞。蜀王被惹怒了，命手下将他五花大绑，"枷送益州"。到了益州，蜀王却给他一根棍子，让他去守门。直到蜀王杨秀获罪被贬，刘炫才被放出来。

在当时，像杨秀这样粗暴地对待文化人的行为其实早就稀松平常了。开皇二十年（600年），朝廷将京城国子监以及各州县的学校都废除了，只留下一个太学。刘炫就上表皇上，陈述利害，说广设学校教化百姓那才是明君的做法。虽然言辞恳切，但是隋文帝并未上心。之后刘炫提出的很多建议都没有得到皇上的采纳，他反对讨伐高丽，认为劳民伤财，并为此作了一篇《抚夷论》，不过他的箴言直到后来隋炀帝三伐高丽失败才得到大臣们的认可。

刘炫满腹经纶，身上具有传统儒生安邦定国的情怀，他有匡襄明君、抚济天下的远大抱负，但是也恃才放旷、不拘礼节。毕竟是曾经造过假书戏弄过皇帝老儿的人，他行事作风狂放不羁经常目中无人，自以为才高八斗，上司和大臣们都不太喜欢他。有一次他去讲解《孝经》，在座的儒士一片哗然，都说他讲的内容是他自己编造的，其实他所讲的《孝经》不过是孔子藏在鲁壁的真本而已。刘炫的造书前科也常被同僚们拿来揶揄他，他当太学博士才一年就因为品行不佳而被辞退。到底是真品行不佳还是大臣们排挤，这些就不得而知了。

到了隋末唐初，起义大火烧到了刘炫的家乡。一介书生的他穷得都揭不开锅了，唯有感叹人世浮沉、命运多舛。晚景凄凉，他在寒风中悲吟着："日迫桑榆，大命将近，故友飘零，门徒雨散，溘死朝露，埋魂朔野。亲故莫照其心，后人不见其迹，殆及余喘，薄言胸臆……天违人愿，途不我与。世路未夷，学校尽废。道不备于当时，业不授于身后。衔恨泉壤，实在兹乎？"

后来，刘炫从前的门生大多都参加了义军，他们把老师接出城来好菜好饭供养了起来，可惜不久义军就被镇压了，刘炫再次沦为孤苦伶仃的流浪汉。那时已然深冬，六十八岁的他蹒跚地回到了景城,但是景城官员知道他曾经与反贼私通,害怕受到牵连,任由刘炫如何哀求都不打开城门。那一夜也许是刘炫此生中最漫长的一夜,饥饿和寒冷肆意地凌辱着他,来来回回。最后,曾经那么高傲的他终于还是很没骨气地倒下了。

第二天风停雪住之时,一代名儒已去。

后话:

刘炫写了许多解读《论语》《春秋》等古代经典的书籍,一生著作颇丰,所作之文也多为后世学者所引据,影响深远。他醉心学问,即便在食不果腹的艰难之际,也丝毫没有懈怠对经书和天文历法的研究,对于推动人类文化科学事业的发展产生了不可磨灭的贡献。然而这样满腹经纶的一位大学问家,最后却落得个风雪埋骨的结局,实在令人叹息。

隋朝后期轻视儒学,造成了同时代的许多知识分子命运坎坷。这是刘炫人生悲剧的原因之一,他的悲剧命运同时还源于他的风流自赏和清高傲慢。他仗着自己的才华,目中无人,最后越来越不合群,这样的个性最后当然毫无疑问会被权力中心所抛弃。

七、天文学家

写完了刘炫，似乎就该写刘焯了。史学家范文澜先生曾经说过："隋代能称得起儒学大师的只有两个，即刘炫与刘焯。"他和刘炫相得益彰，当时被称为"二刘"。

人们常用"天庭饱满"来形容贵人之相，然而刘焯的天庭似乎饱满得有点过了头。和那个右脑发达的刘炫相比，他的奇怪之处则主要凸显在长相上。史书上说他额头长得又尖又长，像只犀牛，宽背又长得像乌龟，但是视力却很好，欲穷千里目，不用望远镜。这样一个外形集合了两种动物的怪才和许多名人一样，从小就聪明机灵，思维敏捷，再一次反面论证了"小时了了，大必未佳"的假命题。

刘焯性格沉稳内敛，比个性张扬的刘炫更多了一份沉静，他体质不好所以不爱运动，爬树逗鸟等顽童必备技能他一样也不会。他只喜欢读书，读书相对来说不怎么耗费体力。少年时代他结识了同样嗜书如命的刘炫，两人一拍即合，一起宅在屋子里读了十年的书。出来时，"二刘"的学问已经跻身当世一流。

刘焯出名后，享受到了名人效应带来的便利，不久就当上了州博士。那时的博士只是博学之士，而非现在所谓世间三种人"男人、女人、女博士"的博士。秦汉时博士是一种掌管书籍文典的官职，到后来主要职责是教授生徒。文帝开创考试制度后，地方刺史让刘焯担任自己的从事，并举荐他去应试秀才。

刘焯十年寒窗也不是打酱油过来的，一试即中，射策甲科。当时科举方现雏形，秀才的地位相当高，考上秀才就等于入了官门了。文凭拿到后，刘焯一路官运亨通，随即就被拜为员外将军。皇上让他和刘炫一起编修国史，一起议定礼乐历法，还一起在门下省任职。他和杨素、牛弘、苏威这些当朝名臣经常聚在国子监一起研究古代达人先贤没有解决的问题，这类人在21世纪通常被称为"学者"。讨论这些问题时，不管提问多么激烈，众人如何刁难，刘焯总能游刃有余、旁征博引，巧妙地将众口之矢一一化解，杨素每次看到后都深感钦佩。

开皇六年（586年），洛阳发现了一块石经，朝廷召集所有文官来考证。因为经年累月的长期风化，石经上的文字早已漫漶不清，难以辨认，群儒在对石经的解读上产生了分歧，争执不下。刘焯例举经典，结合残碑一一印证，将很多人的观点都驳了回去，也因此遭到了很多儒士的嫉恨。后来在国子监的一次讨论中，刘焯和刘炫的言论又力挫群儒，再次在众人的心中种下了嫉妒的种子。曹丕在《典论》里说"文人相轻，自古而然"，一语道出古今多少酸腐文人的通病，而那帮不怎么友爱的文人也因为妒贤忌才，对刘焯妄加诽谤，以至于后来刘焯被免官。

刘焯和刘炫这对难兄难弟从少年时结伴，到一起被罢官，两人命运的轨迹几乎一模一样。回乡后的刘焯和刘炫一样，教起了书来。刘焯在教书之余还致力于对天文地理的研究，内容广博弘远，涉及日月运行、山川风物等等。他集古代众学说之长，融会贯通之后又提出了自己的独到见解。他还力主过实测地球子午线，不过这些科学含量很高的言论就像伽利略的"疯言疯语"一样，在当时并没有引起当政者的重视。

他所作的《皇极历》，在历法史上首次发现了太阳视差运动的不均匀性，首创了三次差内插法来计算日月视运动的速度，并确定了五星位置和日食月食的起落时刻。让人感到不可思议的是，《皇极历》中所推算出的春分点和现在科学界公认的数值几乎一模一样，在那个没有天文望远镜和专业标尺的年代，这些研究成果如同天外之人留下的文明。

令人感到惋惜的是，因为《皇极历》中的天文、历数和与太史令张胄玄所作的历数有所出入，所以导致这本书曾经一度被埋没烟海。刘焯还精通术数，仔细钻研过《九章算术》《周髀》《七曜历书》等书。写成《稽极》十卷、《历书》十卷以及《五经述议》等书。书成之后，一时间洛阳纸贵，不过这些著作大多在后世流传的过程中散佚殆尽。

写书出名后，许多人都慕名前来拜师求学，多的时候甚至达到了上千人。然而刘焯却没有孔子杏坛讲学有教无类的高尚情操。他误判了形式，看到如此多的人前来拜见自己，于是便在心里打起了趁机捞钱的小算盘。每一个来拜见他的人，只要没有送礼，或者礼品太过轻薄，他都会不理不睬。求学的诚意千钧，抵不过囊中一两臭铜。

那些人看到他贪婪的嘴脸之后，都纷纷愤而离去。坏事传千里，刘焯很快就臭名远扬，来拜见他的人也越来越少，直到最后门可罗雀。

隋炀帝即位后，刘焯又被重新召回宫中去当太学博士，不久他就因病辞职了。大业六年（610年），六十七岁的刘焯去见他研究了大半辈子的日月星辰了，半生知交刘炫请求朝廷为刘焯赐一个谥号，然而朝廷并没有答应。

后话：

刘焯名出刘炫之上，被称为隋朝第一博学之人，但是至死都没有担当过重任。当时的人评论，说他是几百年来学识最渊博的人。如今站在历史的上帝视角来看，南北朝到隋唐两代做学问的人，确也无出其右。

著书立说后本来声名远扬，却不懂爱惜羽毛，因为自己贪图钱财而亲手把名声搞臭。有才无德，堪比刘炫。

八、少年才子

薛道衡，字玄卿。隋朝文坛领袖。六岁时父母双双去世，他便成了漂泊无依的孤儿。

那时没有孤儿援助制度，薛道衡自幼便过上了寄人篱下的凄苦生活。生活的打击并没有扭曲这个少年的心理，反而让他滋生了许多文艺细胞。他天生感性，喜欢幻想，书籍成了他不离不弃的室中挚友。在浩如烟海的文字里，他看到了人生的美丽图景，古往今来许多圣贤都脱胎于苦难困厄。他也时常掩卷沉思：子牙襄周、管仲相齐，时无英雄？

十三岁那年，他翻开了厚重的《春秋左氏传》，读到"子产相郑"之时，心中的少年情怀被搅动得激荡澎湃，于是略一思索，提笔写下了《国侨赞》一篇。墨宝初成，忍不住捧读了一遍，薛道衡的嘴角扬起了一抹笑容。

华章一出，名动四海。《国侨赞》文质兼美，竟然出自于一个小小少年之手，当时的人莫不惊叹，都称他为旷世奇才。

张爱玲说，"出名要趁早"。十三岁的薛道衡一支生花妙笔，让自己的名字像长安的落英一样，被春风吹进了很多人的心里。北齐的天子把他召进皇宫，待诏文林馆，兼主客郎，负责接待外邦使者。后来他又结识了大才子李德林、卢思道，并成为圈中好友。北齐末期，薛道衡多次向皇上建议防范周朝，可惜齐帝并不把他的话当回事。

北齐灭亡后，周武帝任命薛道衡为御史二命士。这是一个毫无作为的闲职，怎么能留住生性浪漫的风流才子呢？浑身闪耀着理想主义光辉的他挥一挥衣袖，潇洒而去。

薛道衡长大成人后，文笔更加炉火纯青。他写文章时喜欢安静，经常一个人呆在书斋里，躺在榻上沉思，不准外界打扰。他的文章在当时一直久居畅销书榜首，每一次有佳作诞生，第二天就在里巷开始传诵了。一纸风华，满城百姓"无不吟诵焉"。杨坚也很喜欢他的文字，每次和别人谈到他时都说："薛道衡作文书称我意。"

杨坚为相时，薛道衡因为在平定王谦之乱和击退突厥等战役中有功，被封为内史舍人。杨坚当上皇帝后，善于言辞的他还兼任使者，多次出使陈国，所以对陈国的奢靡腐化耳闻目睹。因此多次上奏隋文帝，建议对陈国"责以称藩"，意思就是希望杨坚灭陈统一。后来隋国攻陈，行军前高颎来咨询薛道衡，问他战争形势。薛道衡洋洋洒洒，指点江山，颇有诸葛卧龙隆中对策之风。他指出隋军的强大战斗力和陈国的外强中干形成鲜明对比，纵论天下大势，文辞掷地有声。这是原文：

"凡论大事成败，先须以至理断之。《禹贡》所载九州，本是王者封域。后汉之季，群雄竞起，孙权兄弟遂有吴、楚之地。晋武受命，寻即吞并，永嘉南迁，重此分割。自尔已来，战争不息，否终斯泰，天道之恒。郭璞有云：'江东偏王三百年，还与中国合。'今数将满矣。以运数而言，其必克一也。有德者昌，无德者亡，自古兴灭，皆由此道。主上躬履恭俭，忧劳庶政，叔宝峻宇雕墙，酣酒荒色。上下离心，人神同愤，其必克二也。为国之体，在于任寄，彼之公卿，备员而已。拔小人施文庆委以政事，尚书令江总唯事诗酒，本非经略之才，萧摩诃、任蛮奴是其大将，一夫之用耳。其必克三也。我有道而大，彼无德而小，量其甲士，不过十万。西自巫峡，东至沧海，分之则势悬而力弱，聚之则守此而失彼。其必克四也。席卷之势，其在不疑。"

这一番对时局的分析极有见地，高颎听后信心大增，更加坚定了必胜的决心，喜道："君言成败，事理分明，吾今豁然矣。本以才学相期，不意筹略乃尔。"不仅褒奖了薛道衡的文采还肯定了他的政治才能。

薛道衡文采和智谋盖世无双，杨坚非常喜欢他，在位期间一直让他担当着要职。当时很多名人政要来结交他，就连皇子诸王也以和他交游为荣。左右二相高颎和杨素都是他的好朋友，在和他睽违日久之时，杨素还写下了著名的《山斋独坐赠薛内史》送给他，以表思念之情："居山望四阻，风云竟朝夕。深溪横古树，空岩卧幽石。日出远岫明，鸟散空林寂。兰庭动幽气，竹室生虚白。落花入户飞，细草当阶积。桂酒徒盈樽，故人不在席。日暮山之幽，临风望羽客。"此篇后来成为传世佳作，在隋代诗歌瀚海中熠熠生辉。杨素一生暴虐残忍，然而对待薛道衡却如此情深意重，可见薛公人缘之好。

在古代当大臣是一个高危行业，皇上一句话可以让你位列三公，一个眼神又可以让你沦为阶下囚。薛道衡自然也免不了这种风险，开皇年间因受到株连而被罢官，流放到岭南一带。晋王杨广素仰他的才华，打算向皇上求情把他留在自己身边。但是薛道衡骨子里有一股文人傲气，狷介耿直而不肯低头，他向来看不惯杨广这种阳奉阴违的小人，所以就断然拒绝了杨广的好意。杨广即位后又重用薛道衡，让他去番州担任刺史。薛道衡并不领情，不久后就上书请辞。杨广又打算让他回京做秘书监，他却写了一篇颂扬隋文帝的《高祖文皇颂》。杨广看后大怒，对大臣苏威说道："薛道衡极尽赞美先朝，有《鱼藻》之意。"而《鱼藻》则是《诗经》中借怀念武王而讽刺幽王的名篇。但囿于薛道衡名气太大，杨广也只能强忍着怒气，等待日后再伺机报复。

好朋友司隶刺史房彦谦对薛道衡好言相劝，叫他"杜绝宾客，卑辞下气"。薛道衡不以为意，行事作风依旧我行我素，高蹈不羁。隋文帝曾经也劝过他改掉身上那股子"迂诞"之气，然而文人天性烂漫，这种品格早已深入到骨髓里了，岂能说改就改。

隋炀帝杨广是个才子皇帝，在古代所有帝王当中文采算得上是数一数二的。他对大臣说："很多人都认为我是靠父祖的关系才当上皇帝的。其实就算我是平民百姓，让我和士大夫比试才学，我也绝对是第一，当之无愧的天之骄子。"

有次朝廷聚会，席上提议以"泥"为韵来作诗。隋炀帝不假思索就写下了一首好诗，就在大臣们无不惊叹的同时，薛道衡的诗也写完了。这首《昔昔盐》，以草蛇灰线的笔法，把闺中少妇思念远征丈夫的悲苦写得情韵连绵。工稳而流动，轻靡而超逸。全诗构思精巧，以垂柳、蘼芜、芙蓉和飞花等意象入手，由暗转明，将闺妇的相思情状描绘得淋漓尽致，不失为一篇具有艺术独创性的千古佳作。

"垂柳覆金堤，蘼芜叶复齐。水溢芙蓉沼，花飞桃李蹊。采桑秦氏女，织锦窦家妻，关山别荡子，风月守空闺。恒敛千金笑，长垂双玉啼。盘龙随镜隐，彩凤逐帷低。飞魂同夜鹊，倦寝忆晨鸡。暗牖悬蛛网，空梁落燕泥。前年过代北，今岁往辽西。一去无消息，那能惜马蹄。"

其中"暗牖悬蛛网，空梁落燕泥。"一句最为大臣们所激赏，此诗当之无愧地成为本次和诗之最。杨广的风头被抢，心中暗恨不已。

后来新律颁布，薛道衡便对同僚说："要是高颎还在的话，新律早就实行了！"高颎得罪杨广而被害，杨广听到薛道衡的言论后气得以"悖逆"之名赐他自尽，妻儿尽数发配新疆。

临死前，杨广得意地问他："你还能作'暗牖悬蛛网，空梁落燕泥'吗？"

后话：

薛道衡少年成名，中年显贵。文名惊海内，妙手著华章。但是为人太过于率真耿直，不善于矫饰委曲，终遭杀身之祸。他一介书生，手中无兵无将，最后竟然因一个莫须有的"悖逆"之罪赐死，也是杨广数次被冒犯，执意报复而何患无辞了。这种人天性浪漫不羁，过于"迂诞"，适合做一个闲游山水之间、吟风诵月的文人墨客，但不适合从政。他的死，也是封建历史叙事下对不善谋身的狷介之士的一种自然法则。

九、丹青妙手

现在北京的故宫博物院里藏有一幅无价之宝，这是中国现存最古老的卷轴山水画《游春图》。此图纵43厘米，横80.5厘米，绢本，青绿设色。画风古拙而又独具特色，未用皴法而将山石树木勾勒得富有质感，远近取景心思巧妙，给人一种咫尺千里之感，卷轴隔水上还有宋徽宗的亲笔题签。作者展子虔运笔成熟，开创了隋唐山河画之先风。

隋朝绘画界一代宗师展子虔，上承六朝，下启唐宋。他在艺术上的建树直接影响了后世画风和笔法的发展趋势，得到了唐代画家李思训、李昭道父子的无比尊崇，称他为"唐画之祖"。

古代人没有相机，遇到自己喜欢的东西只有用笔画下来，美其名曰"丹青"。远在战国时代中国就出现了构图精美的《龙凤仕女图》和《御龙图》，那时的绘画就已经从原始社会的记事功用演变成了一门独立的艺术，由上古图腾进化到居家装饰。最初的汉字就是从画画演变而来，所以称为象形字。懒人推动社会发展，因为不想跋山涉水，所以就想出了一个办法，把美景美物都画在一张张纸上框起来，挂在墙上以供心向往之。

到了隋唐，书画艺术已经基本完备。"君子之于学，百工之于艺，自三代历汉，至唐而备矣。"又因为六朝以后大兴佛道，所以美术和雕刻的发展尤为突出。展子虔吸取了魏晋南北朝的艺术精华，对于其浮夸艳丽的风格有所改造。唐代李嗣真说他"天生纵任，亡所祖述"，自开一代风气。当时许多画家都沿袭以往的画风,类似于埃及壁画的平面构图,画出来的作品就像皮影戏,毫无真实感。展子虔独具匠心,一改前人故辙,采用远近比例的画法,一时登顶隋朝画师之最。他画的山水楼阁富有立体感,就像站在山顶俯瞰一样,美景尽收眼底。画佛道人物则神形兼备,充满禅机,画马则举步欲飞,侧卧有腾跃之势。他还对颜色十分敏感,着墨典丽古艳,深沉而平静。

他的山水画最为世人称道,被誉为"远在山川,咫尺千里"。当时很多寺庙都慕名而来,请他去作壁画,像洛阳天女寺、云花寺、长安灵宝寺、宗圣寺等等。展子虔泼墨处佳作频出,有《法华经变相》《北极巡海图》《长安车马人物图》《弋猎图》《按鹰图》《石勒问道图》《北齐后主幸晋阳宫图》《八国王分舍利》《授塔天王图》《摘瓜图》等等,传世名作不胜枚举,最为出名的当属那幅千古佳作《游春图》。他住在寺院中,每日静听梵颂,沉思片刻后提笔描绘美丽的菩萨,一幅幅举世珍宝就这样诞生了。

展子虔声名鹊起后就开始孤芳自赏起来,他认为自己的画技独步天下,已经无人能够超越了。这种毫无原则的自信,对于一个画家的艺术前程来说将会带来毁灭性的打击。目中无人,便会目不见趾。沉浸在自我陶醉中的展子虔,画技开始进入一个原地踏步的境地,找不到方向,杀不出血路。

那时江南的画师董伯仁对展子虔的画就很不屑,说道:"展夫子不过雕虫小技耳,画些北方的秃山恶水,有什么稀奇的?我从来没有见过他画出一幅江南美景来。"这就好像是在说一个武术冠军只会翻筋斗打滚一样,虽不是直接开骂,然而比骂更恶毒。这句话传到展子虔的耳朵里后,展子虔最开始十分生气,但是仔细一想,董伯仁之言也不无道理。于是他从画筒中取出一些旧作观研,这些作品就像老妻,越看越觉得丑不可耐。或是生于北方的原因,他发现自己的画雄健有余,工丽不足。

后来展子虔亲自去拜见董伯仁,并向他请教山水楼阁的画法。董伯仁很是感动,和展子虔结为好友,一起互相砥砺。他也趁此吸取了展子虔的很多艺术技巧,提升了自己的画技。两人画技不相上下,并称为"董展",二人就像两颗明星,相得益彰,闪耀在隋唐的艺术天空。

董伯仁生于江南,长于江南,下笔处温柔如水。他从小就多才多艺,被乡里人称为"智海",后来又历仕周、隋。他擅长画人物和亭台楼阁,所画之境"旷绝古今,杂画巧瞻,变化万殊"。

现在的艺术家都流行在画室里画裸体模特,而隋唐的艺术家则常常蹲在佛寺道观里画经释壁画。董伯仁和展子虔一样,一生的大部分作品都留在了寺庙里,为后世旅游名胜招揽着不少游客。

传世名作收录在《后画录》《续画品》《画拾遗》《历代名画记》《贞观公私画史》《画后品》《宣和画谱》《图绘宝鉴》中。

后话:

董伯仁和展子虔画技高超,两人互相学习,共登高境。他们的佳作丰富了隋朝的艺术史,填补了南北朝到唐代过渡的这一段空白。展子虔更被称为"唐画之祖",他所作的《游春图》也是中国现存最古老的山水画。千年前春游入卷,辗转间方知山水之春。至今,一些地方还流传着关于展子虔和《游春图》的歌谣。"画山水,展子虔,游春图,春光艳;山青青,水蓝蓝,近尺尺,千里远。通幽径,峰回转,小桥旁,绿树掩;妇人立,竹篱前,江南春,美无限。"

十、大地文章

又一个生卒年不祥、背景模糊的人。何稠,史书上只是用一种待定的口吻说他的祖父应该是一个叫"中亚"的人。

据载,何稠是隋朝著名的工艺家、建筑家。不过在当时可没有这些以"家"为公因式的称谓,那时除了老人家，其余各种家一概没有。所以按照当时隋朝老百姓的话来说就是，何稠是一个木匠，而且还是一个出名的木匠。

木匠做大了就被召进宫里，成为皇家御用木匠。何稠的人生比一个老水手还要丰富多彩，他担任过御府监、太府丞、太府少卿、太府卿等等一系列职位，后来专门负责为皇室制造一些仪仗、兵器，当然也偶尔帮帮皇子后妃们打造一些好玩的物什，来消磨那百无聊赖的宫中生活。

有一次波斯国进献了一件金绵锦袍，织造相当精致华丽，文帝十分喜爱，就命令何稠照着原物仿制一件。何稠这双手生得比女儿家的手还巧，仿制出来的成品质量和做工都远远超过了原物，让文帝大为高兴，封他为员外侍骑侍郎。后来他参与宫殿营造时又用绿瓷仿制琉璃，足可以假乱真。何稠的仿造技术之高超，堪称活体3D打印机，让我大华强北都黯然失色。

何稠不仅是一个普通的木匠，还是一个有大智的谋将。桂州的李光仕起义，朝廷就派他去平定。军队到达横岭时，洞主莫崇出来投降。桂州长史王文同把莫崇捉到何稠面前请他处置，何稠说："州县长官不能安抚本地，致使发生动乱，这不是莫崇的错。"然后设宴好吃好喝地把他和随从款待了一番。莫崇高高兴兴地回到洞寨，撤去事先设好的防御工事,谁知何稠的军队半夜突然跑来偷袭,把洞寨给一窝端了。何稠乘胜追击,一举歼灭了其余叛乱的各部。

曾经图谋叛乱的钦州刺史宁猛力带领手下来投降,本来要押解到朝廷,但是何稠见他病怏怏的样子,心下一软,就放他回去了,并说:"八九月间,你自己再到京师来领罚。"班师回朝后何稠因为放过叛贼首领而遭到了皇上的责骂。十月,宁猛力病逝,皇上就说:"你看,当初你不把他带回来,现在人都已经死了。"何稠说:"我和他约定好了的,如果他死了就让他的儿子长真代替他来京师。"果然,不久长真就亲自来到京师赴罪。皇上因此感叹:"何稠在蛮夷人心中的威望竟然如此之高!"后来以勋授其开府。

独孤皇后去世后,何稠被任命和宇文恺一起主持制定陵寝制度。后来隋文帝病重,就在榻前抱着太子的颈子对他说:"何稠心思缜密,我把后事托付给他,希望你以后什么事都多与他商量。"

隋炀帝即位后大兴土木,何稠得到了重用。炀帝升他为太府卿,让他制造战车万乘,后宫居室八百连。巡游江南时,隋炀帝对何稠说:"如今我当上了天子,继承大业,四海升平,但是服饰礼乐典章制度还不健全,你去查阅文献典籍，给我制造一些车乘衣冠服章和羽毛装饰的旌旗仪仗，送往江都。"何稠不负重望，如期完成了工程。隋炀帝在江都的军容仪仗华丽壮观，创造了许多历史之最。

征伐高丽时，工部尚书宇文恺设计建造的水桥崩塌了，导致右屯卫大将军麦铁杖遇害身亡，行军也被迫受阻。隋炀帝又命代理右屯卫将军何稠建桥，何稠三天内就把桥建好了，还连夜赶制"六合殿"。"六合殿"是一种木制的可以移动的宫殿，宽大雄伟，上下安插了不少全身盔甲的侍卫。高丽人早上发现敌军突然多了这么一个可以来回移动的大家伙，都说是神功建成的。

和何稠齐名，同为隋代大建筑家的宇文恺，家庭背景就比何稠大多了。听他的姓氏都能猜到有鲜卑贵族的血统，他的父亲宇文贵，年轻从师时把书本一扔，说："大丈夫应当提剑汗马以取公侯，怎么能当个书生呢！"之后成为显赫一时的西魏十二大将军之一。长兄宇文忻，杞国公，曾为隋朝的建立立下汗马功劳。杨坚后来诛尽宇文家族以绝后患，宇文恺本应受死，因为哥哥宇文忻有功，所以被赦免，并担任御史中大夫和仪同三司等职。后来宇文忻兵变失败，宇文恺受到牵连被免黜。

宇文恺精熟各种工艺技能，皇上又起用他为副监，负责营造新都，以及疏通渭水和黄河的工程。后来杨素说他有巧思,推荐他设计建造仁寿宫。皇后死后,又负责营造陵墓。因功被恢复名爵,封地千户。

隋炀帝想要迁都洛阳,让宇文恺负责新都城的建造。宇文恺深知炀帝爱好奢侈,为了讨好他,便把新都营建得规模宏大,极尽壮丽之能事。炀帝看到宏伟的新都落成后大喜,提拔他为全国工程营造第一长官工部尚书。宇文恺为人圆滑机敏,处处投炀帝所好,每一次受诏负责工程营造时,都极尽奢侈豪华。这样的结果是害苦了广大老百姓。被征来当苦力的百姓多的时候达到百万,加上劳累和鞭笞,死在工程中的人不计其数。民怨日积月累,这为隋朝的灭亡开启了一个祸端。

北巡时,隋炀帝想要在少数民族面前炫耀天朝的声威,就命宇文恺负责仪仗。宇文恺造出一种大帐幕,幕下可以同时容纳上千人,深得炀帝欢心。他又造出观风行殿,殿里布置好所有娱乐设施,周围命侍卫把守。这种行殿就是一座大型的移动城堡,行殿下面装有轮轴,可以像变形金刚一样拆卸组装。宇文恺还建议仿造古代建筑制造明堂,"下为方堂,堂有五室,上为圆观,观有四门"。

他一生最大的成就,就是兴建两都。大兴城营建时宇文恺充分考虑到了地形、水源、政治、军事、经济等多方面的因素，让此城达到了当时最高的建筑水平。宫城吸取前朝多个都城的经验，沿着象征皇权的一条宽达150米，纵贯南北中央的朱雀门街为中轴线修建，屋舍整齐划一，城道排水畅通。宇文恺将都城分成东西两边，街东街西各有55坊。坊里的所有都左右对应。格局就像一个棋盘，白居易有诗称："千百家似围棋局，十二街如种菜畦。"他还引来永安、清明、龙首三渠进入城中，分别流经宫苑后再注入渭水。河流就像一条天然水管，贯穿了整个京城，不仅满足了排水的需求，还可以方便运输。城中绿化也搞得很好，"渠柳条条水面齐"，初春之时的景色非常旖旎动人。隋文帝就身居在偌大的皇城中央，垂拱天下。

后来的东都洛阳，虽然规模略小于大兴城，但也是中国古代京城的典范。宫城名为"紫禁城"，内有数十殿，富丽堂皇，颇穷奢丽，前代都城都无法与之相比较。史书载："东西四里一百八十八步，南北二里八十五步，周一十三里二百四十一步，其崇四丈八尺，以象北辰藩卫。城中隔城二，在东南隅者太子居之，在西北隅者皇子、公主居之。城北隔城二，最北者圆璧城，次南曜仪城。乾阳殿殿基高九尺，从地至鸱尾（房脊两端的兽）高一百七十尺，十三间二十九架，三陛轩。文楹镂槛，栾栌百重，楶拱千构，云楣绣柱，华榱璧珰，穷轩甍之壮丽。其柱大二十四围，倚井垂莲，仰之者眩曜。南轩垂以珠丝网络，下不至地七尺，以防飞鸟。四面周以轩廊，坐宿卫兵。殿庭东南西南各有重楼，一悬钟，一悬鼓，刻漏即在楼下，随刻漏则鸣钟鼓。"

城市，让生活更美好。

后话：

同为一代大建筑师，史家对何稠的评价明显高于宇文恺。他主持的浩大工程为了讨好皇上，让无数百姓陷于苦难，隋朝逐渐失去民心。"其起仁寿宫，营建洛邑，要求时幸，穷侈极丽，使文皇失德，炀帝亡身，危乱之源，抑亦此之由。"（《隋书·宇文恺列传》）

第三章 山河壮丽

一、开皇之治

陈叔宝被擒,病死于洛阳,标志着隋朝这头睡狮正式的苏醒。

南北朝混乱的的局面被终结,天下终归于统一,突厥称臣,叛贼平定,所有的天时地利人和,这时隋文帝终于松了一口气,这下总可以静下心来好好经营国家了吧。他高坐在龙盘凤绕的漆金宝座上,俯视天下,心情是那样的沉重和激动。他的思绪飘出了重重红墙的藩篱,飘过了黄河华山,飘到了九重天幕之下。这片广袤的大地从唐尧虞舜以来出了那么多圣明君主,而明君的标准不一,又难以衡量。到底怎样才能做一个好皇上?他坐在九五之尊的高位上,沉静地思索着大国崛起。

这样的思索有了结果,不久隋文帝就下了一道诏书,颁布天下:

第三章　山河壮丽

"建国以来重视天道，莫先于学，尊崇君主爱护子民，莫先于礼。从魏分东西，周、齐对立抗衡以来，九州四海分裂割据，连年征战不休，国家间强弱更迭，历经数十年。人们竞相致力于权谋狡诈而轻视礼仪，注重战争而忽略祭祀，以致道德沦丧，争名夺利。朝野上下都学习如何投机取巧，所以朕制定律令，严格司法，积弊逐渐消除，这是教化使然也。虽然重新修建了学校，宣化教育，但是因为人们已经不再崇尚读书，所以大道也难以施行。在这期间，我也推崇过儒学，但是信奉的人太少，最终还是没能改变流俗。然而维持纲常礼教，惩善扬恶，弘扬美德，全赖于此。君王上承天意，功劳过失一切随其造化。有德的话上天自然会降下祥瑞，无德的话妖孽必定四起。儒家五常仁、义、礼、智、信，每一样都有它的作用。有礼则社会国家和谐，无礼则人们如同动物禽兽。治理国家和安身立命，只有靠礼教。朕受命于天，财成万物，去华夷之乱，求风化之宜。戒除奢侈，例行节俭，为百官作表率，轻徭薄赋，希望能够宽宏爱民。而那些作奸犯科，违法犯罪的人，不以礼教制度。当官的不闻不问，如何能宣化教育？古人尚且一边耕作一边读书，现在的老百姓负担更轻，在没有劳役和农活的空闲时间可以学习知识，研读经礼。这样就会让家庭和睦，人希至德。不仅在于知礼节，识廉耻，父慈子孝，兄恭弟顺。今日起，从京师到各个州郡,都劝学行礼。"

圣旨下达后,百姓纷纷兴起读书学礼之热,混乱的社会开始好转。长年战乱,民间早已穷困不堪,为了减轻百姓负担,隋文帝下令削减赋税,颁布均田令,鼓励农民耕织。均田令是北魏孝文帝拓跋宏当年进行改革时创立的一种农村土地所有制,它规定奴婢受田与良人相同,只要满了15岁的男子都可以分得露田。百姓原有的桑田可以买卖,但是不能超过份额,桑田不足的根据法律补足。如果百姓还有余力,可以向政府借田来耕种。

均田令让农民有地可种,并有效地遏制了土地兼并,可以防止因地主阶级的壮大而造成的贫富差距悬殊。地方势力达到一个饱和点,难以形成割据势力,也有利于加强中央集权。

在赋税制度上则实行租庸调制,凡50岁以上的老者,就可以用布帛来代替徭役,称为"庸",隋文帝还下令每个月的徭役减少时日。这样一来,既减轻了百姓负担,又增加了民间劳动力。为了发展经济,又下令铸造五铢钱,规定每千文重四斤二两,作为全国通用货币,禁止其他货币的流通。

文帝隐忍数十年方才接受禅让当上皇帝,他亲眼目睹了一个个皇朝因为奢靡浪费而走向了腐败和灭亡。所以他上台

第三章 山河壮丽

后亲自厉行节俭,制定法律,禁止宫中的人穿戴华丽。

开皇初年,居住在东北一带的靺鞨部落相继派遣使者来拜见隋文帝。文帝对使者说:"朕一直听说你们那里的人骁勇善战,今日一见,果然非凡。大隋想把你们当成儿子一样对待,所以希望你们也要像对待自己的父亲一样对待我大隋。"使者回答:"我们住在偏僻的穷地方,听说中国有圣人,所以才不远千里,长途跋涉来朝拜。今日承蒙天子的恩赐,不胜欢喜,靺鞨愿意尽心侍奉大隋。"文帝又说:"你们和契丹以后也不要打仗了,各自守着自己的国土吧,岂不安乐?"使者拜谢,从此以后每年都要来进贡。

当年平陈之际,隋军班师回朝时路过百济,百济国王余昌对隋军招待甚厚,送了很多礼物祝贺隋军凯旋。开皇十八年(598年),余昌又派长史王辩带着大量礼品来拜见文帝,并对文帝建议攻打高丽,文帝笑着说:"当年讨伐高丽时因为他没有尽人臣之礼,现在高丽王高元已经知罪,每年都要来朝贡,我已经赦免他了。"

平陈后来朝拜的本来还有一个国家林邑,但是之后就和隋朝断绝了往来。大臣们听说林邑有许多珍宝,都劝说文帝征伐林邑。所以仁寿末年,隋文帝就派大将军刘方攻打林邑。林邑大败后,每年都要派使者带着宝贝来京城朝拜。

被低估的时代——隋朝治世

史书上记载隋朝在开皇之后进行了几次"大索貌阅"。何为"大索貌阅"？其实就是全国人口普查。隋文帝励精图治，开创了举世闻名的"开皇盛世"，国家富强，政治清明，百姓安居乐业。许多外邦都争相赶来朝拜称臣，边境在很长一段时间里都十分安稳。老百姓压力小了，米缸中有粮了，空闲时间也多了，这大把大把的空闲时间就能被拿来生孩子了。在隋朝极盛时期的一次全国人口普查中，统计出全国有户八百九十万七千五百三十六，有口四千六百零一万九千九百五十六，而且还不算那些瞒报漏报的。而唐朝到高宗时期户口才三百八十万，还不到隋朝此时的一半。

"开皇盛世"创造了中国封建历史上的又一个辉煌，这时不仅国家强大，而且科学技术发展也到达了一个鼎盛时期。隋朝的刘焯开创了天文学的一片新领域，首次提出三次差内插法来计算日月视差运动速度，推算出五星位置和日、月食的起运时刻，宇文恺和何稠也创造了建筑史上的多个奇迹，而在世界桥梁史上最负盛名的安济桥也是建造于隋朝年间。

安济桥是隋朝工匠李春所建，位于河北赵县城南的洨河上，所以又名赵州桥。此桥由二十八道纵向并列砌置的拱圈组成，每道拱圈又有四十三块拱圈石。遇到洪汛时期，拱洞就可以分洪泄流，减轻桥身所受到的冲击。

赵州桥就像一道架在人间的彩虹，千百年来岿然不动，从容地为每一个慕名前来看望它的人，讲述一千四百多年前的那一个被遗忘的盛世。

后话：

隋文帝创新制度，厚积薄发，中国在他的努力下达到了自秦汉以来的又一个高峰，为日后大唐的再次繁荣开辟了道路。那是一个被遗忘的时代，也是一个让人振奋的时代。

二、南越木兰

隋文帝开创"开皇盛世"，在国内发展经济，与民休息，在国外则讲信修睦，安抚诸邦。国内虽然也发生过动乱，但都一一平定。在平定岭南番州之乱中，有一个女人功不可没，她就是被共和国总理周恩来盛赞为"中华巾帼英雄第一人"的谯国夫人。

那时还没有广东，岭南一带都属于南越。南北朝时高凉郡（今广东省茂名地区）一个俚人首领家里生出了一个小女孩，取名为冼英，小名又叫百合。

小百合虽然生得一副水筋柔骨的女儿身，却喜欢舞刀弄枪，所以每次哥哥们跟部落里的男孩子讲武角力时，旁边总能看到她欢呼雀跃的身影。看到尽兴处，她便摩拳擦掌到处找人比试。那些人高马大的汉子常常被追得落荒而逃，因为

 被低估的时代——隋朝治世

他们都知道这个小姑娘古灵精怪,力气虽然不大,但是会施巧劲儿,好多大力士都被她给扳倒过。

父亲是部落的首领,所以会经常带领人马去和其他部落战斗。百合不知从哪里偷来一身军装,就打扮成男子汉混在军营里,跟着父兄一起去为了利益和荣誉而战。后来被父亲发现了,父亲不但不责怪她,还让她担任军中要职,神气十足地指挥浩浩荡荡的大军。

和那些老套的武侠故事情节一样,后来百合遇到了一个高人,并被传授了绝世武功。从那以后,百合"德智体美劳"全面提升,不但能轻易地弯弓射箭,还精熟于兵法韬略,深谙行军用兵之道。学成归来的百合多次带兵立功,被一方老百姓所敬仰,不管哪里发生了民事纠纷,只要她一去劝解,方才还怒目圆睁的两个人马上就握手言和了。所以部落里一天比一天和谐了,打老婆、偷邻居番薯这些事也越来越少了。

百合的哥哥冼挺当时担任南梁州刺史,为人粗暴野蛮,经常仗着势力欺负邻郡,隔三岔五就去那里打一架。邻郡老百姓只要一看他的旗子扬起,都像爆发瘟疫一样关起门不出来。百合就去劝解,脾气犟得像牛一样的冼挺谁也不服,偏偏被百合收拾得服服帖帖的,从此变成"五讲四美"的好青年,再也不恃强凌弱了。因为他知道,要是不依这个妹妹

第三章　山河壮丽

的话，指不定得被剥光了衣服挂在城墙上当腊肉。冼挺从良后，百姓也安其居、乐其业，海南儋耳一带一千多洞黎族老百姓听说百合的威信后，都争相跑来归附她。

当初北燕苗裔冯业带领许多人渡过汪洋大海，到达新会定居，后代历任牧守。传到第三代冯融这里，又被梁朝任命为罗州刺史。冯融早就听说了百合的故事，对她非常欣赏，于是就撮合儿子冯宝和她结合。冯宝时任高凉郡太守，人长得又好看，所以冼氏部落很快就接受了这个新姑爷。

一个是一表人才的俊俏公子，一个是能征善战的巾帼英雄。这对天造地设的璧人一结合后，百合就顺理成章地成了太守夫人。新婚燕尔，羡煞旁人。但是不久就爆发了"侯景叛乱"，侯景的军队长驱直入，后来把梁武帝包围在了台城，番禺都督萧勃赶紧征发军队去救援，高州刺史李迁志表面上称病拒绝，私下里却纠集人马想要趁机谋反。李迁志急召高凉太守冯宝，机敏的百合夫人和丈夫分析道："他不是说生病了吗？怎么还召集人马？看来十有八九是想叛乱。"不出所料，几天后李迁志就趁乱起兵，并派遣杜平虏带领军队去响应侯景。百合心想杜平虏带走精兵后，必然留下一座空城，于是就和丈夫计议带人假装运送物资，进城之后一举拿下李迁志。

被低估的时代——隋朝治世

李迁志果然中计,看到一大群人马肩挑背扛,以为是运送军粮来了,就命人打开栅门,守城将士事先不知,所以也并无防备。百合带领手下就像"木马计"中的希腊军队一样,一进入城中就拔出刀剑一拥而上,如入无人之境,须臾就抓到了防不胜防的李迁志。后来百合又和陈霸先在湖石头会师,共同击退了杜平虏。叛乱平息后,百合因功被梁朝封为"保护侯夫人"。

不久,陈霸先代梁为帝,建立陈朝。江山易主,岭南一带大乱,百合就凭着自己的威望去劝服、团结了各个部落,保持了南越的稳定,并帮陈朝击退了叛军,陈朝封其为"石龙郡太夫人"。后来陈朝被隋朝灭了,岭南各个郡都推举百合为"圣母",呼吁她带领南岭独立。隋朝的使者把她送给陈朝的"扶南犀杖"给她看,并告诉她陈朝灭亡的消息。百合得知后召集各个部落的首领哭了一天,然后归顺了隋朝,并被封为"宋康郡夫人"。

在隋朝开皇十年(590年),大隋国泰民安之际,一个消息突然把正在书房批阅文武百官奏章的隋文帝惊出一身冷汗——南疆番禺王仲宣起兵造反。这次叛乱就像一把大火,呈燎原之势,迅速地烧遍了整个岭南。"诸州跟叛",其余各个蠢蠢欲动的部落,也纷纷加入到这次动乱中来,眼看南越就要失守,这时百合夫人几经七十岁了,她在家里听到叛乱的消息勃然大怒，马上翻出年轻的戎装穿上，亲自带领军队去攻打叛贼。百合夫人老当益壮，一点也不比百岁挂帅的佘太君差。她带领大军，所到之处，还没开打，叛军就被她的声望吓得赶紧投降归附。

叛乱平息之后，年逾古稀的百合骑着宝马，张着锦伞，护送使臣裴矩巡视各个州，苍梧首领陈坦、冈州冯岑翁、梁化邓马头、藤州李光略、罗州庞靖等等都前来拜见。后来文帝为了嘉奖百合的功劳，就追赠她的丈夫为广州总管和谯国公，册封她为谯国夫人，并分别让她的两个孙子担任高州刺史和罗州刺史。文帝把六州兵马大权全部交给她，并赐给她特权，遇到非常之事可以先斩后奏。一个妇人，在那个封建社会，执掌六州军权，这样的事亘古未有，谯国夫人也算历史中风光无限的个例了。

后来文帝下诏："其苍梧首领陈坦、冈州冯岑翁、梁化邓马头、朕抚育苍生，情均父母，欲使率土清净，兆庶安乐。而王仲宣等辄相聚结，扰乱彼民，所以遣往诛翦，为百姓除害。夫人情在奉国，深识正理，遂令孙盎斩获佛智，竟破群贼，甚有大功。今赐夫人物五千段。暄不进愆，诚合罪责，以夫人立此诚效，故特原免。夫人宜训导子孙，敦崇礼教，遵奉朝化，以副朕心。"

每次遇到大的聚会或者逢年过节，谯国夫人就把梁、陈、隋三朝的皇帝赐给她的信物拿出来给子孙们看，并叫他们要思念忠孝之报。

当时番州的总管赵讷是个贪官，在他的治理下，番州一片乌烟瘴气，许多部落都被迫叛逃流亡，谯国夫人就派长史张融把赵讷的罪状上奏给皇上。后来赵讷被治罪，皇上让谯国夫人去收服那些叛乱的部落。她亲自带着诏书，自称为使者，去十个州郡宣讲皇上的旨意，所到之处，部落们纷纷归降，百合因此又被文帝封为"诚敬夫人"。

后话：

冼百合多次平定岭南叛乱，维护了国家的统一，也使岭南一带长期处于安定的环境。后世对其评价很高，在现在的广东高州城，还保存着供奉着她的冼太庙。

三、影帝杨广

隋文帝一生奉行节俭，他教育子女们要谨记陈叔宝腐化亡国之痛，"历览前贤国与家，成由勤俭败由奢"。

杨广看准了他这一点，所以在文帝去世之前的这几十年里，他将自己的表演天赋发挥到了极致。隋文帝不喜欢张扬，杨广就装出深沉内敛。文帝不喜欢奢侈，他就装出节俭，总之你想要什么，我就给你什么，顾客就是上帝。每次皇上要来他府上时，他就叫所有长得青春美丽的女子去屋中躲起来，只留下一些又老又丑的妈妈桑在身边侍奉，不知道的还以为他有恋母情结。他还经常穿着一身粗布衣服，在桌上摆上一把沾满灰尘的破琴，向文帝暗示自己勤俭操劳，很少有娱乐活动。晚年的独孤皇后嫉妒心膨胀，早已丧失政治上的清醒，对年轻美艳的女子有一种毫无理由的讨厌，这种讨厌又延伸到当时的婚姻制度上来。隋文帝即位后，对齐梁以来混乱的后妃制度进行了改革，他结合《周礼》，设嫔三名，世妇九名，女御三十八名。但是后宫制度的改革并没有给杨坚带来红利，霸道的独孤皇后不能容忍他的婚姻有第三个女人插足，所以到死杨坚也没有正式立过妃子。"虚妃嫔之位，不设三妃，防逼其上。"皇后坚持"一夫一妻制"，杨广因此就为了后半生而暂时委屈下半身，很少和其他娇妾共寝，而选择长期和元妃萧氏腻歪在一起秀恩爱。为了表示自己的孝顺恭谨，独孤皇后一有失眠头痛恶心烦躁这些更年期症状，杨广就放下一切公事，赶进宫里侍奉在她左右。每次皇家的使者要来，杨广就早早地在几十里以外等待迎接，对使者说："娘啊，我好想你啊。"独孤皇后就越来越喜欢这个不贪图美色，还亲自一口一口把汤药喂进自己嘴里的乖儿子了。隋文帝惧内，所以征服了皇上身后的女人，就等于征服了皇上。

晚年的隋文帝和很多上了年纪又耳朵背的老头子一样，

脑袋越来越不灵光，他先是废除学校，后又猜疑忠臣。当时高颎为相，地位权力都在一人之下万人之上，杨坚怕他独揽大权，就提拔杨素和他平起平坐，互相制衡。杨素本来因为对悍妻说了一句"我要是当上了皇上，你一定做不了皇后"，仕途就此夭折，但是因为他平陈有功，所以事业又开始风生水起。陈国灭亡后，尚书右仆射苏威为了防止陈朝老百姓反抗，就制作了洗脑的"五教"经义，强迫人们诵读学习，不料洗脑不成，不久江南就爆发了一次反隋起义。杨素用兵如神，连夜收复失地，须臾就将叛军全歼，从此威望渐渐超过了朝中的一些老臣。

杨素崛起之时，杨广也把他纳入了自己的人脉圈，通过宇文述找到其弟杨约，再通过杨约引见而与之结交。杨广也有意地助拔杨素，让他在朝中的地位越来越突出，为自己那一个终极梦想增加筹码。朝廷一有什么战事，杨广就力荐杨素出兵，让他扬名立功。杨素后来官至内史令，进爵越国公，终于爬到了金字塔的最上层，和高颎左右为相。

高颎一代忠烈，对大隋并无二心，但是因为忠言逆耳，也越来越遭到隋文帝的轻视。隋文帝晚年好猜疑，有一次他打算把太子东宫里的强壮卫士选出来保卫皇宫，高颎就劝阻："如果这样做，东宫的防卫就减弱了。"文帝大怒："朕经常出入皇宫，所以需要保护，太子还年轻，要那么多卫士

第三章 山河壮丽

来干什么？有些人结党营私，你不要学他们！"后来因为在太子废立一事上和皇上意见不合，再加上杨素和独孤皇后联合起来挤兑，高颎终被罢官。拳拳赤诚，抱憾而终。

隋文帝一共有五个儿子，但是由于文帝严厉不让，法不恕子，所以几个皇子善始者众，克终者寡。

三子杨俊，开皇年间立为秦王，十二岁就被封上柱国，带领军队为大隋南征北战，立下了不少汗马功劳。伐陈时他为山南道行军元帅，督水陆十万大军。然而在其担任扬州总管期间却违反法度，骄奢淫逸，文帝一怒之下将他罢官。杨俊写信请求宽恕，文帝却严肃地对他说："朕筚路蓝缕，艰苦创业，好不容易打下江山，统一天下。你们贵为皇子，以后将会继承大业，但是像你们这样下去，岂不是将我大隋江山枉自断送？"杨俊惭愧而死后，文帝也只是哭了几声而已，墓碑都不让他立一块。

四子杨秀，被封为蜀王，容貌瑰美，擅长武艺，被朝中大臣所敬重。但是也因为奢侈而被文帝疏远，加上杨素和杨广又在文帝面前进献谗言，后来被废黜。仁寿二年（602年），他被召回京师，杨坚见到他后一语不发，下令将他打入冷宫监禁起来。

五子杨谅，被封为汉王，曾为幽州牧、上柱国、右卫大将军。出为并州总管时，"自山以东至于沧海，南拒黄河，

52 州尽为所属"；后来在辽东之战时又担任行军大元帅。他曾经看到天象有变，就向文帝建议："突厥逐渐强大，太原为重镇，应当加强防备。"但是后来因为杨广进谗言，也被文帝所冷落。

唯一幸免的就是晋王杨广。杨广人长得帅不说，还文采超群。他早年和杨素一起为行军大元帅攻打陈国，后来又平定江南之乱，慑服高句丽，保障了大隋江山的统一。在人前他也总是表现出一副谦虚朴素的样子，与其说表现，不如说表演。杨广的高超表演深得皇上皇后的欢心，一度想把他立为新太子。在隋文帝的眼中，自己这几个儿子都无甚出息，唯有孝顺勤俭的杨广可以托付大业。

几个兄弟都被文帝疏远，再也无法构成威胁。这时只剩下一个人了——太子杨勇。

杨勇为人宽厚率真，有啥说啥，不懂隐藏，不会韬晦。他好学多思，礼贤下士，但是也喜欢发怒，毫不隐晦地表现自己的情绪。他不喜欢独孤皇后亲自给他选的妃子元氏，就将其冷落，成天和其他女人睡在一起。这件事犯了皇后的大忌，由此开始渐渐排斥他。后来元氏病逝，云氏被扶正，独孤皇后认为元氏是被杨勇害死的，于是大哭："想到几十年后，杨勇登基，你们都要给云氏下跪，我就心疼。"

有一次文帝到杨勇的宫中，看到蜀铠上华丽的文饰，于是不悦,就教育杨勇说:"朕闻天道无亲,唯德是与,历观前代帝王,未有奢华而得长久者。汝当储后,若不上称天心,下合人意,何以承宗庙之重,居兆民之上?吾昔日衣服,各留一物,时复看之,以自警戒。今以刀子赐汝,宜识我心。"后来百官朝拜杨勇,有大臣就对文帝说:"文武百官这么气势宏大地朝拜东宫太子,实在有失礼节。"

杨勇三番五次不懂礼数,傲慢奢侈,隋文帝终于忍不住了,在心中已经坚定了一个念头。

后话:

文帝和独孤皇后一生明谋善断,可惜晚年却变得昏聩不清,让忠良被害,奸佞当道。而善于伪装,圆滑过人的杨广也逐渐进入文帝的视野,成为皇朝接班人属意人选。

四、东宫之变

《轩辕剑·天之痕》中塑造的神功盖世大魔头宇文化及(宇文拓的原型)在隋朝确有其人,他的父亲就是杨广在争夺太子储位中的大帮凶宇文述。

宇文述本是鲜卑族俟豆归的贱奴,原姓破野头,后来跟了主人改姓宇文氏。他的父亲宇文盛在北周因功被封为上柱国,这家人总算熬出了头。十一岁的时候,相面的人就对宇文述说:"你一定能当大官。"那个年代的算命先生还算靠谱，宇文述日后果然位极人臣，因为出卖了欲图政变的当朝元老赵贵，而被宇文护封为大将军。

后来在隋朝，宇文述又以他的狡猾善变博得上位，官至右卫大将军。杨广看到此人精明能干，就上奏隋文帝把宇文述纳入自己的麾下，向他请教除去太子的计谋。宇文述就献出一条毒计："太子杨勇奢侈傲慢，因为不满皇后给他选择的元妃，所以早已失去皇上的信任，现在正是你取而代之的大好时机，但是皇上沉稳不发，所以不会轻易下令废黜储君。遍观满朝上下，只有一人能改变他的主意。那就是杨素。"杨广的另一个心腹，也是以狡狯著称的郭衍也赞同此计，就说："此计甚妙，一定能扳倒太子。但是做好最坏的打算，现在应该尽早部署自己的势力，割据淮、海、江南等梁、陈旧土。若有不测，你就起兵夺取皇位。"

这个郭衍史书评价他"临下甚踞，事上奸谄"，他善于阴谋伎俩，被杨广所赏识，和宇文述一起成为杨广弑父杀兄的左臂右膀。当时杨广住在烟水江南的江都，郭衍就经常带着妻子一起去江都和杨广密谋一些大事。后来文帝起了疑心，杨广就狡称郭衍的妻子生有怪病，只有萧妃才懂得医治，所以来往甚繁。在杨广的推举下，郭衍得到隋文帝的重用，并逐渐掌握了大量军权。

那天问计之后，杨广便听从了宇文述的建议，让他带上重金去结交杨素的弟弟杨约。杨素和杨约两兄弟向来情深,所以很快就被杨广收买了。收买杨素后,杨广也开始衔枚巧取,把那些反对他的大臣一一拔掉,高颎也就是在这样的背景下被拉下马的。

高颎被驱逐出庙堂之后,杨素一人独大。他飞扬跋扈,事无巨细都要过问,朝中只要有谁对他不满,都会被陷害罢免,造成了很多冤假错案。那时的朝廷奸诈之臣大行其道,正直之士却纷纷噤若寒蝉。不过这些微妙的变化很快就被隋文帝觉察到了,于是下令道:"左仆射杨素为国家之宰辅,不可以管得太多,只能三五日来一次尚书省参议国是。"尽管如此,文帝还是十分器重杨素。

太子杨勇天真烂漫,有一次从仁寿宫参拜起居回来,路上看到一棵盘根错节的枯槐树,就询问左右这是干什么的,左右回答:"启禀陛下,枯槐可以拿来烧火取暖。"杨勇于是就下令,让工匠把这棵枯槐树砍成几千块分给手下。其宽厚若此,但是这些古怪的行为在其他大臣看来却是为了拥兵夺位。他不拘小节,在府上养马千匹,还叫工匠造出天子的服饰来把玩。隋文帝因此如临大敌,不断加强士兵防卫。

新丰人王辅贤善于占卜,他对杨勇说:"白虹贯东宫门,太白袭月,皇太子废退之象也。"杨勇虽然天真烂漫,但也深知自己的处境，他叫手下在后花园修建了一个庶人村，房屋简陋粗鄙，他每天就穿着粗布麻衣在其中休息。文帝知道他心中不安，就让杨素去监视他。杨素回来向文帝进谗说："太子最近不太正常，可能有变，希望陛下防备。"

有一次隋文帝从仁寿宫回来，因为太子的事闷闷不乐，杨素又趁机进谗道："我曾经奉诏让太子检校刘居士，谁知太子勃然大怒，说道：'刘居士余党都已伏法，叫我还到哪里去找？你身为右仆射，这是你的职责，关我什么事？'"文帝听后十分生气，决心要将他废黜。

左卫大将军、五原公元旻就来劝阻："废立大事，天子一言九鼎，还望陛下三思。"然而宫中许多大臣和仆人都早已被杨广收买，这时候都站出来说太子杨勇的坏话。站在杨广这边的姬威就说："杨勇曾经和微臣交谈，内容都是一些骄奢淫逸之事。他还说：'从前汉武帝建上林苑，东方朔就去进谏，后来皇上赐他黄金百斤，实在可笑。我没有什么东西可以赐给这种人，以后要是谁来进谏，我直接叫人把他拖出去砍了，杀不到几百人，就不会再有谁敢来多嘴了。'他多次违反法度，尚书秉公执法，他就扬言说以后仆射以下一定要杀两个人，让他们知道得罪他的下场如何。他在苑内建造一个小城，一年四季都在大兴土木，而兴建起来的亭台楼阁又大都朝令夕改，还夸赞陈后主这些人。他还曾经让人占卜，说陛下再活到十八年就够了。"

文帝听了这番言论后，伤心得泪流满面，太子和晋王都是一个妈生的，怎么差距就这么大呢？最后终于诏令天下罢黜太子，并处死和太子杨勇交好的元旻等人，东宫的官属、侍卫也大多没能幸免。

杨勇被废黜后，文帝把他交给新太子杨广处置。杨广把他囚禁在宫中，像畜生一样对待。杨勇在高墙危楼里逃不出去，叫天天不应，叫地地不灵，后来被逼得半夜爬到树上去痛哭呐喊。此事传到文帝耳中，杨素就对文帝说："太子被鬼魂附体，现在已经精神失常。"杨坚伤惋之余也就不再过问。就这样，杨勇成了中国历史上第一个"被精神病"的太子。

后话：

依靠奸计阴谋和收买人心，杨广"十年经营终不废，一朝登上储君位"。而太子杨勇蒙难，也成为隋朝第一冤案，这让许多有识之士心寒不已，开始对这个政权渐渐失去了信心。

五、太子夺位

当隋朝著名的谯国夫人大红大紫之时，独孤皇后也主动和她结交。皇后不喜欢年轻美女，那时谯国夫人早已是残花败柳、人老珠黄,所以两个老太婆的友谊因为多了年龄的附加值而变得更加真实。

独孤伽罗因年老而善妒,这是一种后天性的心理突变,是一个女人被光阴打败后对现实的变相屈服。既然无法再找回失去的青春和曼妙,那就把自己的老公拴紧一点儿吧。她不准隋文帝和年轻貌美的女子一起交往,哪怕是对对眼神、说说今天天气很好都要被她训斥一番。看来无理取闹不止是小姑娘的专利,一个饱经沧桑,被岁月打磨得早已宠辱不惊的成熟女人也会有这种癖好。皇后像个迫害狂一样,看到谁都觉得她们要抢自己的男人,甚至草木皆兵到只要听说哪个大臣的女儿怀了孕,她就会立马派人去把她杀了。

然而皇上也是凡人,身上有着人性的弱点,更何况天天身在美女如云的皇宫中,因此和皇后交锋了好几次。自从那一次暗杀了尉迟迥的小孙女,气得隋文帝骑着马儿冲到深山老林之后,独孤伽罗开始反思,丈夫贵为一国之君,连最起码的自由都没有,他一生恪守"一夫一妻制",这在从前的先王当中是从来没有过的。伽罗最后选择了妥协,从此不再过问文帝的私生活。

历史就像一部悲喜剧,正当你为这个王朝的崛起而喝彩欢呼时,它其实早已在幕后悄悄埋下了可以让你痛哭流涕的伏笔。

陈朝虽然灭亡了，但是留下了一个 bug（即缺陷或漏洞）。

夜色已阑，隋文帝放下手中还没有批完的奏章开始准备就寝。这时，门咯吱地响了，一股久违的处子之香强势地攻占了房中每一个角落。花影浮动，只见一个娇羞可人的姑娘走了进来，步态盈盈，好似点地成花；双眸熠熠，堪比水中倒月。一对宛如白璧的皓腕缓缓挽起轻纱广袖在空中画了一个半圆，最后落在了纤细的腰身上，微微抬头，嘤咛道："请皇上入寝。"呆了许久，文帝才从想入非非中敛起心绪，问："是谁派你来的？"女子温顺地回答："皇后遣贱妾来侍奉陛下，还望陛下恕罪。"欲望被禁锢了大半辈子的文帝大喜过望，走过来轻轻捧起那一副花萼一样的脸蛋。巫山云雨非是梦，一夜缠绵胜高唐。

独孤皇后刚对丈夫情欲松绑不久，就在抑郁中病逝。文帝和她一世夫妻，恩爱无双，在她死后还经常梦到她，盼望"魂其有知，地下相会"。

皇后死后才四个月，狼心狗肺的新太子杨广又开始向自己的另一个亲兄弟下手了。

他指使腹黑型人才杨素上奏了蜀王杨秀的多条罪状，文帝深信不疑，就决定把四子也给办了。这时有个正义之士开府庆整看不下去了，就顶着龙颜大怒起来劝阻："陛下的几个儿子都遭受到了处罚，现在所剩不多，蜀王也只是一时昏了头而已,陛下何必重责!"文帝此时已经昏了头了,大怒之下命令把他拖下去杀了,幸得大臣力劝才得以作罢。文帝大发威严:"一定要当众处斩杨秀,替朕以谢益州百姓!"

心狠手辣的杨广唯恐父皇爱子情深到后来回心转意,就做了一个扎满铁针的木偶人,写上杨坚和汉王杨谅的名字,趁夜偷偷埋于华山之下,第二天又命杨素挖出来上呈给文帝。文帝怒道:"天下再无如此狠毒之人!"下令将蜀王除为庶人,终身幽禁宫中。杨秀虽然知道自己是被杨广构陷,但是害怕他赶尽杀绝,所以只有打落了牙往肚里咽,一点也不敢陈冤。

回到故事的另一边,那次和文帝一夜缠绵的尤物是谁?原来陈朝被灭后,陈宫所有的女人都被发配到隋朝皇宫。就像周星驰的《鹿鼎记》中天地会总舵主陈近南对韦小宝说的那样,我们反清复明只是为了抢回属于我们的银两和女人。隋朝抢完地盘又抢女人,陈后主的妹妹宁远公主就是这样被抢到了隋朝当宫女。自那春宵一夜之后,文帝发现自己再也离不开少女年轻的胴体了,对这个善解人意的美人疼爱有加,常让她和她同样娇艳欲滴的的妹妹一同侍奉在左右,并封她们俩为"宣华夫人"和"容华夫人"。

有温香软玉相伴,隋文帝自然也无心工作,就移居到后宫安享晚年,下令把所有国事交给太子杨广处理。文帝一副

第三章　山河壮丽

年老衰朽之躯，却不知节度，旦旦而伐，以至于后来生了一场大病。大病就算了，他在病中还坚持让两个美人陪侍，导致过度开垦，最后病入膏肓。文帝的女婿柳述就说杨素当年建造仁寿宫时虐死了很多丁夫，这里许多冤魂不散，戾气太重，建议文帝离开此地。

杨广眼看皇位就要得手了，怎么可能让文帝好转，就对老爷子说："此地清凉避暑，父皇现在又病重，怎能经得住车马劳顿、日夜颠簸？你还是就在这里好好享福吧。"文帝虽然病重，脑袋却不昏。他看出来了太子的别有用心，就在大宝殿召集文武百官，一一握手，作临死前的最后告别。

但是杨广已经等不及了，就写信和杨素商量对策，谁知信使没有方向感，把这封信稀里糊涂地送到隋文帝手上，文帝看完信后连死的心都没有了。清晨，杨广在前往父皇寝宫的路上碰到了宣华夫人。宣化夫人果然是老少通吃的尤物，杨广一看到她就被迷得神魂颠倒，此时此刻心中就像歌里唱的那样——"总想对你表白"。亢奋的他已经顾不得这个女人是自己的母妃了，一把抱住她就要轻薄。

宣华夫人抵死挣扎才逃脱虎口，回到文帝寝宫后，文帝见她一脸难色，就逼问出了方才的事。文帝本来连死的心都没有了，一听到杨广的兽行又恨不得马上去死。他悲泣道："独孤皇后误我呀！这个孽种怎么可以托付江山。要是让他当上了皇帝,天下岂不大乱?"文帝写下一封密诏,让信使交给杨勇。这个信使也是个马大哈,把信送到了杨素手上,杨素立即和杨广决议下一步棋。文帝命兵部尚书柳述和黄门侍郎元岩守卫寝宫,而此时被杨广一手提拔起来的宇文述、郭衍则早已带兵埋伏在宫外伺机而动。森严冷峻的皇宫里,一场内战似乎就要爆发。

杨广见事情已经到了骑虎难下的地步了,就一不做二不休,派张衡去刺杀皇上。张衡本是忠直之士,也不忍心对皇上下毒手。他来到文帝病榻前,和他一起唠起了家常。他说:"陛下你不要害怕,微臣是文人而不是武夫,虽然身上有太子之命,但是绝对不会伤害陛下。臣历侍周、隋,虽无大的功劳,但也算忠心耿耿。陛下收归九州,安抚诸夷,使海内清一,天下安定。本来智略过人,武功盖世,但是后来听信谗言,让高颎被免,杨勇遭黜。忠良之士都没有好下场,而奸佞之人却登堂入室,以至于才有今天的局面,悔之晚矣,一失足成千古恨啊。"

文帝听后像小孩子一样不顾形象地大哭起来:"朕聪明一世,糊涂一时啊,不过我已经派人送信给勇儿了,现在挽回还来得及。"

张衡苦笑道:"那封信已经在太子杨广的手上了,现在皇宫外面全是太子的兵马,一旦有变,大战即发。现在就算杨勇回来，也只有白白送死。"

文帝已经绝望，大饮了几口酒，就这样被张衡唠嗑给唠死了。

后话：

隋文帝没有将早年的政治智慧延续下去，而任用奸人，导致朝纲败坏；沉溺美色，以使身体伤毁。他一手经营起来的大隋王朝，也终将因自己用人失察而败送。

六、手足相煎

文帝驾崩后，杨广在仁寿宫狂欢了八天八夜，和美女们恣意淫乱，再一次印证了安意如的"皇宫就是一个天下最大的妓院"之说。然后才调集各州兵马齐聚长安，假惺惺地抹几把眼泪，宣布皇上的死讯。

这时候宣华夫人得知了文帝已死，伤心不已，一个人坐在床上啜泣。她日前曾被杨广轻薄，然后又在皇上面前告罪，现在杨广得势，自己恐怕也性命危矣。想到这里，她愈发地坐立不安。这时帘外忽然传来丫鬟们的声音："奴婢给太子请安。"她瞬间感到全身的血液都在回流，出现了一种濒死的幻觉。杨广进来了，旁边的手下怀里捧着一个锦盒，那应该就是毒药吧？古代许多皇帝死了，后妃都要被赐予一种用鸩羽泡成的毒酒，喝下去后不久就会毒发身亡。宣华夫

 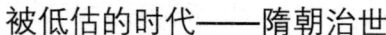

人顿时呆了，瘫坐在床上什么话也说不出来，唯有用颤抖来表达着对死亡本能的恐惧。杨广却笑兮兮地叫手下把锦盒打开，送到宣华夫人面前。原来锦盒中并无毒酒，却是一枚同心结。宫女们欢呼："夫人免死矣。"宣华夫人深知其意，虽然心中不太喜欢这个卑鄙无耻的太子，但是求生欲作怪，还是战战兢兢地收下了同心结。就这样，侍奉过先王的母妃宣华夫人，堂而皇之地又成了杨广的宠妃，给他留下了一个乱伦的千古骂名。

大哥杨勇遭囚、三弟杨俊病死、四弟杨秀又被幽禁。但是此时杨广仍不放心，因为五弟杨谅还在并州当总管，手握一方兵权，如果不把他除掉将会遗祸无穷。杨广选择在八月丁卯日将文帝的遗体运往京城，又在九天后的丙子日入殡。他心中早已谋划好了，等到五弟杨谅回宫奔丧时就将他一举拿下，然后随便找个莫须有的罪名杀害。他自认为这个计划天衣无缝，没想到汉王杨谅诡计多端，在接到诏书后发现上面没有父亲每次和自己通信时都约定好的暗记，于是就从使者处审问出了杨广篡位的隐情，暂时逃过了一劫。

杨广登基即位后，自称为隋炀帝，并下令把废太子杨勇的十个儿子全部处死。杨谅按捺不住了，就打算起兵造反，总管司马皇甫诞就来劝阻，但是杨谅已经做好了拼死一搏的决心，开弓没有回头箭，大怒之下把皇甫诞囚禁了起来。心

第三章　山河壮丽

腹王頍对他说："大王手下将领的亲属们都在函谷关以西，如果你想夺取京师，就可以以他们为主力长驱直入。如果你只是想占领北齐的旧地，就要用函谷关以东的将领。"杨谅把两种计划中和了一下，兼用关东关西的人马。这时候杨广已经称帝，贸然发兵的话师出无名，只会被朝廷污蔑为叛乱，所以杨谅就说杨素要谋反，假借"清君侧"之名向京城发起进攻。

总管府兵又说："现在井陉以西的地盘全部属于大王，太行山以东的兵马也由你总管。你只要命令老弱病残守住关口，然后带领精兵强将直取京师，不久就可以夺回天下。"手下们全是溢美之辞，杨谅也沉浸在自我催眠中，对前景过于乐观，以为用不了十天就可以把杨广赶下台，然后自己当皇帝。

内战爆发，杨广命杨素带领精骑兵袭击叛军。吃皇粮的政府军战斗力就是比杨谅的游击队强，再加上杨素用兵如神，一路高歌猛进，歼敌无数。本来这时杨谅退兵还可以保存实力，养精蓄锐以待日后反扑，但是那个献计的王頍又来了："大王万万不可退兵，此时敌军深入我方阵地，早已人困马乏，你只要带领精兵出击，就会打得他们落花流水。你要是退兵，只会打击我方士气。"杨谅听了他的话，带着"战无不胜"的游击队继续和政府军火拼，此战死伤无数，杨谅也在逃亡并州时被擒。

按照常理，以杨广的个性，抓到杨谅后肯定是要将他处死的，但是杨广生性古怪，偏偏又不按常理出牌。他说："始终是兄弟，在情不忍心，欲饶恕免其一死。"于是把杨谅贬为平民，剥夺政治权力终身，一直囚禁到死。

隋文帝一生共有五子五女，当年算命先生只告诉他洪福齐天，将来要当皇帝，却没有给他说他的几个儿子女儿都不得善终。

兰陵公主，字阿五，是文帝和独孤皇后最喜欢的小女儿。这个公主虽然生于第一大国的皇家，却没有几个姐姐那样的骄横习性。她继承了母亲独孤伽罗的优良基因，长得十分美丽。但就是这样一位可爱又温和的姑娘，她的命运却和三毛一样，一生嫁了两次人，却又当了两次寡妇。她最初嫁给仪同王奉孝，王奉孝人寿不长，先她而去。当时小公主还没满十八岁，还是未成年的时候就当了小寡妇。晋王杨广想把她再嫁给自己的小舅子萧玚，但是她偏偏不听哥哥的话，自作主张嫁给了朝中大臣河东柳机的儿子柳述。她初为人妇，和柳述恩爱有加，在家中也一点不摆公主的架子。每次柳述的母亲生了病，她都亲自捧着汤药在床边侍奉。隋文帝听说后非常高兴，也因此对柳家关爱非常。柳述渐渐得到重用，并当上了兵部尚书，掌管国防军事的大权。

第三章　山河壮丽

但是柳述生性率直，又有皇帝岳父给他撑腰，所以在朝中从不向恶势力低头。他经常出言反对杨广的所作所为，杨广出于政治表演而没有发作。他曾经还当面凌辱杨素，从此被杨素嫉恨。杨广逼宫时，他和黄门侍郎元岩一起保卫隋文帝，杨广登基之后就找了一个借口把他流放到岭南，并且逼迫兰陵公主改嫁。兰陵公主誓死不从，反驳道："当年我嫁给柳述，是父皇的旨意。现在柳述被流放，按照律令，我作为他的妻子，也应该被判连坐和他一起受罪。"

杨广没有答应她的请求，而是让柳述一个人发配岭南，柳述在途中因为中了瘴气而去世，不久京城的兰陵公主也在抑郁中追随丈夫而去。临死之前她上表请求杨广："昔共姜自誓，著美前诗，息妫不言，传芳往诰。妾虽负罪，窃慕古人。生既不得从夫，死乞葬于柳氏。"请求在她死后，把她和丈夫安葬在一起。铁石心肠的杨广看完后不但不哭，反而还发怒，故意把兰陵公主葬在离柳述之墓很远的地方，葬礼也简单得如同平民。当时朝野上下知道后，都在为此事感到伤心。

后话：

杨广人性缺失，阴险毒辣。对自己的父亲以死相逼，对自己的兄弟相煎太急，就连自己胞妹临死之前一个不太过分的请求，他也不理不睬。这种昏君即位，正式开启了隋亡的祸端。

 被低估的时代——隋朝治世

七、巧胜契丹

隋炀帝登上帝位后,就开始着手为自己树立威严。但是父亲杨坚一生勤政,该做的事都被他做完了,不该做的事也被他做完了。隋朝到他接手时,政通人和,天下太平。所以树立威严只有靠一个字——"打"!在冷兵器时代,文化软实力对国家形象的影响不大,想要宣扬国威只有发动战争。把你们打怕了,我就是大哥了。

那时林邑、突厥、靺鞨、南越、高丽几个小弟都已归顺隋朝大哥,还能拿来打的只有契丹了。契丹人不老实,总是来骚扰隋朝边境。看过金庸先生的《天龙八部》的人都知道,契丹人和蒙古人一样,也是一个彪悍的民族,不管男女老少,都大块吃肉,大口喝酒。他们喜欢把中间的头发剃光,两边扎成小辫儿。契丹族里有一个野蛮的习俗,在他们看来,死了人后哭泣是不强壮的,所以契丹人的父母死了都看不到后人掉眼泪和披麻戴孝的情况,他们把死者的尸体像衣服一样晾在树林里,三年之后再去收回来当柴烧。并对着尸骨祝祷,祈求保佑他们打猎时能多打到几只野猪野兔。

南朝时的草原霸主柔然人被北魏拓跋部落打败后,就像蛋糕一样一分为二,其中一支成为了室韦人,也就是蒙古人

的祖先，另一支则成了契丹人，长期盘踞在辽河一带，以游牧为生。后来契丹又分为了八部：悉万丹部、何大贺部、具伏弗部、郁羽陵部、日连部、匹黎尔部、吒六手部和羽真侯部，各个部落联合起来成立了一个大贺氏联盟。

开皇五年（585年），契丹人归附了隋朝。隋文帝让他们居住在以前的地盘，遇到被突厥欺负了，隋朝大哥还经常去帮忙劝解。契丹人虽然被隋朝罩着，但是对这个大哥越来越不满。

大业元年（605年）的某一天，营州的天空上突然出现了蛮人的旗帜，老百姓还没来得及逃跑就死在了奔腾而来的马刀下。契丹人野蛮颟顸，每到一处都呼啸而上，抢光所有的女人和畜生。被抢去的女人又会生出许多小契丹人，所以这个民族虽然经历了多次打击却仍然生生不息。边陲的战报很快就传到了朝廷，隋炀帝既生气又兴奋，兴奋在于终于可以大打一架了。敢惹我，你死定了！于是隋朝派出了将领韦云起。

韦云起和隋朝的许多官员一样，都是靠科举步入仕途的，在隋朝开皇年间他以明经科被补为符玺直长。兰陵公主的丈夫柳述当时担任兵部尚书，他仗着皇上这个大后台，把许多人都不放在眼里，就连权倾朝野的杨素也得向他折腰。有一次隋文帝就当着柳述的面对韦云起说："在外面有什么

被低估的时代——隋朝治世

不方便说的事,现在就说吧。"韦云起这个楞头青不懂变通,皇上叫他说他还真的就口无遮拦地说了起来:"柳述自以为是皇上的女婿,在外强横骄傲,他并没有什么大的才能,不能担任兵部尚书的重任。我怕有些人说皇上您任人唯亲,这对您非常不利啊。"隋文帝一生的追求就是做一个明君,所以很欣赏有人和他抬杠,抬杠的人越多就证明他越善于纳谏。文帝对这番话很认同,就侧身对站在一旁的柳述说:"你听到没有?自己以后要改过自新。韦云起是你的治病良药,你要多向他学习。"柳述虽然被韦云起贬得一文不值,但也不记仇,后来文帝叫文武百官推荐人才,柳述就推荐了韦云起,并被封为通事舍人。

打架的最高境界就是把对方打败了,而自己却没有受一点点伤,俗称"借刀杀人"。韦云起奉隋炀帝之命来打契丹,但是他一个兵也没有带,只带了一张借条。他来到突厥部落,向启民可汗借了两万精骑兵,再把骑兵分成二十四个营,分成四道一起出发。每个营相距一里,有条不紊地行军,听到鼓声就前进,听到角声就停止。最开始突厥军营中有人不服从指挥,这韦云起到底是去打仗还是组建老年秧歌队?又是奏乐又是摆阵的。韦云起就效仿孙武杀妃立威,逮了几个不听话的拉出来斩首,吓得突厥将帅从此一看到他就双腿发抖,不敢正视。

第三章　山河壮丽

　　韦云起也不说要干嘛，你们只管听我的吩咐，我怎样说你们就怎样做。他带领两万人光明正大地进入了契丹的境内，并谎称要借道去柳城和高丽人做生意。契丹人看到韦云起人马不多又各自分散，所以就信以为真，对他们没有施加任何防备。行军到离契丹大本营还有一百里的时候，为了不惊动对方，韦云起又带军向南行进。将士们跟着韦云起走来走去，都在猜测他葫芦里到底卖的什么药。到了晚上，韦云起又趁着夜色的伪装，把部队悄悄带到了离契丹营地五十里的地方，将士们终于明白了这是掩人耳目之计，于是就建议现在发动偷袭。韦云起却没有这么想，他还在等待一个绝佳的时机。等到凌晨时分了，这时是人睡得最死的时刻，被人骑在身上抽耳光也会没有知觉。时机已到，韦云起号令大军冲入契丹营帐，几乎没有牺牲一兵一卒就把契丹人打败了。许多契丹将士经历一生险恶，没有死在战场上，却在美梦中一命呜呼了。

　　韦云起擒获了契丹男女四万人，把两万骑兵一个也不少地还给了突厥，还把抢来的契丹女人和牲口分了一半给他们当利息。突厥可汗高兴坏了，这生意做得值。韦云起把擒获的所有契丹男人都杀了，带领几个手下回到了朝廷。隋文帝大喜，召集百官聚在一起，说："云起带领突厥士兵平定契丹，以奇用师，有文武才，朕非常喜欢他。"并封他为治书御史。

从此契丹也变得老实了，每年都来朝贡大隋。

后话：

韦云起未用隋朝一兵一卒，只在突厥借了两万兵马，使用奇计，兵不血刃就把契丹收服了，后世之人评价他"前无古人，后无来者。"在他之后，契丹再也不敢进犯中原，也使得北方边陲保持了长达上百年的安定。

八、威加海内

打完契丹后，隋炀帝又开始打流求、伊吾和吐谷浑。

当时的流求并非现在的琉球群岛，而是指福建以东海行五天的一个岛屿，地理位置可能在今天的台湾。那个地方也许是喀斯特地貌，山洞很多，人们就像老鼠一样长年住在洞里。每个洞里有小王，各个洞之间又经常打斗，由于国中铁矿奇缺，所以他们的兵器都又薄又小。每次要和其他洞打架时就在对方洞口破口大骂，把人骂出来后就开打，被打死的人就会被胜利者分来吃了，所以在流求国每次打架都等于在玩儿命。流求国里的的名字取得就像童话世界似的，国王叫欢斯渴剌兜，人们称为他为"可老羊"，他的妻子叫多拔荼。

国内有很多由山洞组成的村子，村里面的首领就叫鸟了帅。至于这些千奇百怪的名称到底是什么意思，现在也无从考证了。国王居住在一个刻满鸟兽花纹的叫着波罗檀洞的地方，出行时就坐在一个用木头做成的猛兽里，让几个人把他像烤乳猪一样架起来。人们见到国王也不会行跪拜之礼，不管结婚没有，老爸都要和儿子睡在一起。男人们就像现在的那些爱美女士一样，把身上所有的毛都拔得一干二净，所以平时一有空就坐起来拔腿毛。女人们比巴黎模特还时尚，用墨在身上刺满虫蛇的纹身，看上了哪个洞里的帅哥，只要情投意合就可以结婚，没有什么父母之命媒妁之言这些道德礼俗。妇女生完小孩子后就要把胎盘烤来吃了，传说有强身健体之功效。不过这些仅为传说，切勿模仿。生产后也不坐月子，把自己放在火边烤个几个小时，把汗发出来后就可以下地干活了。

这样一个蛮荒的小国家都不放过，隋炀帝真是天生好战。

大业三年（607年），隋炀帝打完了契丹后找不到可打的了，就把眼光放向了大海。他派羽骑尉朱宽去海外寻访异乡奇俗。朱宽带着船队在大海上行驶了五天后抵达了流求，上岸后抓来一个人，叽叽呱呱说了半天一句也没听懂，就把他衣服扒了带回隋朝。历史的教训告诉我们，学好外语是多么重要！

被低估的时代——隋朝治世

第二年,狂补外语的朱宽在隋炀帝的任命下再次扬帆起航,他带着隋炀帝的诏书去招降流求,但是流求国王没有答应。朱宽赶在被当地人分来吃了之前回到隋朝搬救兵,嘴巴办不到的事情那就用拳头来解决,隋炀帝派出贲郎将陈稜带领一万多人从义安出发,去收拾流求。隋朝军队在海上航行了一个多月终于登岸,流求人看到大船驶来还以为是商人来和他们做生意,欢喜得不得了。

陈稜让懂外语的人去给他们说"我们是来招抚你们的",流求一听才知道这帮人和前阵子来的那个人是一伙的,就跑回家里拿起弓箭石块出来迎战。武器落后的流求人哪里是隋军的对手,不久就被打到了国王的老巢。流求小王欢斯老模出来阻击,被陈稜砍下了头颅。小王牺牲,大王又来了。欢斯渴剌兜振臂一呼,各个洞里的人都冒出来了,团结在一起做最后的挣扎。隋军锐不可当,攻下了国都后又把宫室摧毁了。流求国王被杀,其子岛槌也被俘获。

陈稜战胜归来,还带回了几百个流求俘虏。隋炀帝一高兴,就把俘虏分赐给了各个大臣。并加赏陈稜为右光禄大夫,副将张镇周为金紫光禄大夫。这段故事就像真实版的《阿凡达》,流求也从此被纳入隋朝的版图。

大业四年(608年),也就是攻打流求的这一年,隋炀帝授右翊卫将军薛世雄为王门道行军大将,让他派兵攻打西域的伊吾国。薛世雄本来和突厥首领——当年借兵给韦云起的启民可汗约定好了一起联合进攻伊吾,但当军队出了玉门关时,启民可汗却因为有事而爽约。可是开弓没有回头箭,薛世雄也不退兵,就在没有人带路也没有 GPS 卫星导航的情况下,带着将士行走在茫茫沙漠上,悄无声息地来到了伊吾国城下。突然从沙丘上冒出来一支声势浩大的军队,伊吾人吓得马上就投降了。后来薛世雄在汉代的旧伊吾城以东又修建了一个新的伊吾城。和他一起的裴矩就告谕西域各国说:"大隋天子因为你们蕃人做生意时路途遥远,所以修建此城。"新伊吾城建好之后,薛世雄又让银青光禄大夫王威带领一千多名士兵在此屯垦戍边。

薛世雄回朝后被封为正议大夫,他所修建的"新伊吾城"后来成了隋朝控制东西交通要道上的一个重要军事据点。

在攻打流求、伊吾的这一年,隋炀帝还打了吐谷浑。

遥想当年,辽西鲜卑族徒河涉归膝下有两个儿子吐谷浑和若洛廆。涉归死后,兄弟阋墙,大儿子吐谷浑就被弟弟赶到了甘肃、青海一带,建立了后来的吐谷浑国。吐谷浑曾经把一匹波斯马放入青海,和当地土著马杂交后生下了一匹小骢马,可以日行千里。这种误打误撞的遗传学工程,创造出了后来名扬天下的青海骢。开皇初年,吐谷浑进犯弘州,文帝派上柱国元谐出征，大败敌军。开皇十一年（591年），世伏即位为新的吐谷浑国王，让他的侄子无素奉表来向隋朝称臣。后来，隋文帝又把光化公主嫁给了世伏，以示友好。

两国结为秦晋之后本来就是亲家了，但是第二年吐谷浑发生内斗，国王世伏被杀，他的弟弟伏允被立为新君。按照吐谷浑习俗，光化公主再嫁世伏弟伏允。伏允对隋朝这个岳父阳奉阴违，经常派人来打探隋朝国内的消息。杨广即位后，就想收拾一下这个蔑视我天朝皇威的伏允。

大业四年（608年），隋炀帝秉承"以胡治胡"的战略方针，派裴矩去说服刚投降不久的铁勒诸部，你说你对我大隋忠心耿耿，那你就证明给我看，现在去攻打吐谷浑。铁勒于是领兵大败吐谷浑，伏允被打得向东逃窜，炀帝又派出宇文述去趁胜追击，一直把他赶到了深山老林里。宇文述带领鹰扬郎将梁元礼、张峻、崔师等人一口气攻下了曼头、赤水两座城池，砍了三千多个人的脑袋，然后押着吐谷浑王公以下二百人和男女四千口班师回朝。

大业五年（609年），隋炀帝又鲜衣怒马亲征吐谷浑，吐谷浑国都伏俟城转眼间沦陷，仙头王带着十几万人来归降，隋炀帝下令斩杀了六万人。从此西平临羌以西，且末以东，祁连山以南，雪山以北，东西南北几千里的广大土地就成了隋朝的领地，后来隋朝又在此设郡置县。

后话：

王朝的战争虽然不可避免地伴随着血腥和杀戮，但是隋炀帝开疆拓土的功劳不可抹杀，因为他的好战，隋朝万邦来贺，盛极一时，也为后来中国辽阔的版图草绘了轮廓。《资治通鉴》里评价道："是时天下凡有郡一百九十，县一千二百五十五，户八百九十万有奇。东西九千三百里，南北一万四千八百一十五里。隋氏之盛，极于此矣。"

九、再走西域

大业年间对伊吾和吐谷浑发动的战争，再次打通了随着汉室倾颓而逐渐闭塞的丝绸之路，从此西域各国每年朝贡不断，大隋的腰包也越来越鼓了。《隋书》中不无得意地描述这样的盛况："竟破吐谷浑，拓地数千里，并遣兵戍之。每岁委输巨亿万计，诸蕃慑惧，朝贡相续。"在开拓西域的这部大片中有一个人起了举足轻重的作用，以下引入人物简介。

裴矩，字弘大，河东闻喜人士。他刚出生不久父母就双双亡故，长大后变成了一个文艺小青年，喜欢舞文弄墨。他的伯父裴让之看到侄儿成天风花雪月，钻研一些没用的东西，就对他说："矩儿你聪明过人，以后一定能成大器。现在天下连连战乱，正是朝廷用人之际，你要是想当官的话，就应该学一些实在的东西。"从那以后，裴矩开始留心世事。伯父的话果然不假，后来齐国司州牧王贞就提拔他当兵曹从事，转为高平王文学。齐国灭亡后，当时在并州担任总管的杨坚把他任命为记室，裴矩不久因为母亲去世而辞职。杨坚当上宰相后开始巩固权力，正是用人之际，又派人把他急召回来授予要职。留心历史的人会发现，攻打陈朝的那次战争为日后的大隋锻造了无数王侯将相，像杨素、高颎、贺若弼、韩擒虎等等，这些人后来都成为了非富即贵的一朝元老。裴矩也在那次平陈的军队当中，其他将士在外和陈军卖力厮杀，他和高颎就像抗日战争中的民国学者们一样，负责搜集陈朝的图书文献，抢救文化瑰宝。

  第二年他向皇上请奏去安抚岭南，走到半路上就遇到了高智慧和王文进等人的叛乱。他带领几千人一路杀到南康，这时南越的王仲宣又起兵造反了，战火直逼番禺。这年头是祸不单行，叛贼连起义都这么默契。裴矩派遣部将周师举去攻打东衡州以解番禺之围，然后自己又和大将军鹿原带兵后援。叛贼就赶造了九个营寨，屯聚在大庾岭，想要阻击政府军。裴矩在谯国夫人的帮助下大破敌军，解除了东衡州的危险，然后大军又直驱南海援助番禺。王仲宣吓得逃跑了，裴矩到达后安抚了二十几个州，又让各个州的首领担任刺史、县令。回朝后皇上大悦，马上下令文武百官开会来犒劳他，并对左右二相高颎、杨素说:"当年韦洸带两万兵马,不能够尽早度岭,我每次都担心他的兵太少了。裴矩却用三千残兵安抚岭南。大隋江山有这样的大臣,朕还担心什么呢!"赐他为闻喜县公,赏绢帛两千段。拜为户部侍郎,不久又迁升内史侍郎。

当时西域各国的商人经常到河西走廊一带来和汉族人做生意,隋炀帝即位后就让裴矩专门管理西域的事务。裴矩自从那次被伯父一语点醒之后,专攻世务,他博览书传、走访商旅,潜心钻研几年后终于写成了一本介绍西域四十四国风土人情的《西域图志》。

当时还没有万能的百度、谷歌,人们对西域的认识还停留在先辈们口耳相传的西汉故事里,"从西顷以去,北海之南,纵横所亘,将二万里。谅由富商大贾,周游经涉,故诸国之事,罔不遍知。复有幽荒远地,卒访难晓,不可凭虚,是以致阙。而二汉相踵,西域为传,户民数十,即称国王,徒有名号,乃乖其实"。裴矩的这本书就填补了人们世界观中的这段空白。《西域图志》共有三卷,较为详细地介绍了安国、石国、女国、焉耆等四十四个国家和少数民族的山川、姓氏、风土、服章、物产等,并配以绘图。此书一出,立马成为商人们进军西域的"地理指南"。当时很多在中原做生意的人都开始打算去西域发展,一代诗仙李白的祖父就是在那样的历史大背景下迁居到西域碎叶城的。

《西域图志》也使裴矩以西域专家自居,隋炀帝每天把他叫到跟前,像个小孩子一样好奇地问西域那些事儿。那里的人长啥样?他们有名字吗?他们也是和我们一样吃白米饭长大的吗?裴矩就说:"那里呀,宝贝多得不得了,沙漠里遍地都是黄金。有个叫吐谷浑的小国家,陛下可以把它吞并了。"隋炀帝激动得不停地搓手,恨不得自己马上变成一只小鸟飞到西域去看一看。也因此,后来就发生了大业四年打了吐谷浑又打伊吾的事情。

隋炀帝喜欢排场,占领西域后他命令武威、张掖一带的士女穿着华丽的盛装,男人们骑着精神抖擞的骏马,敲锣打鼓地布满数十里,气势浩大得就像皇帝嫁女一样。西域各国看到后都被其盛大所折服,无不对大隋心生敬畏,这让习惯了耀武扬武的杨广的虚荣心得到了极大的满足。

那年冬天,东西南北各个蕃国都来朝贡大隋。在裴矩的建议下,隋炀帝征集全国各地的艺术家齐聚东都,在端门街,几十万人穿着锦衣秀服,杂耍逗唱,插科打诨,又下令叫文武百官和平民一起来观看表演。所有的人都身着华丽的服饰,那场壮观的皇家派对一直持续一个多月后才结束。炀帝又命令京都里所有的店肆都挂起帷帐,摆上好酒好肉,又派官员带着各族蛮夷去与和汉人们做生意。每到一个地方,老百姓就盛情邀请他们进去聚餐喝酒，直到一个个烂醉如泥才作罢。蛮夷人都感叹，中国真是神仙住的地方啊！隋炀帝十分得意，感慨地对宇文述说："还是裴矩了解朕的心思啊，只要是他建议的，都是我喜欢的。每次朕还没开口，他就知道朕想要说什么了。要不是忠诚用心，谁能像他这样呢！"后来炀帝又派薛世雄将军去西域营建伊吾城，让裴矩一同前去经略。裴矩就告谕西域各国说："大隋天子因为你们蕃人做生意时路途遥远，所以就修建此城。"这句话抓住了隋炀帝虚荣的软肋，于是裴矩又被赐钱四十万，一辈子也花不完了。

西域关节被打通，从此这条路上商旅络绎不绝，自几百年前张骞出使之后第二次达到空前的繁荣。

这条路线跨越陇山山脉，穿过河西走廊，通过玉门关和阳关，抵达新疆，沿着绿洲和帕米尔高原通过中亚、西亚和北非，最终抵达非洲和欧洲，在19世纪70年代被德国地理学家称为"丝绸之路"。

后话：

丝绸之路加强了隋朝和罗马、波斯等国的来往，把这个超级大国的影响力远播到了亚非诸国。在中国的瓷器和绸缎被商人运往西域的同时，中华文化也从这条道路上被输出了。裴矩功劳之大，可以称为张骞之后第二人。

十、大江大河

"尽道隋亡为此河,至今千里赖通波。若无水殿龙舟事,共禹论功不较多。"这是唐代大诗人皮日休描写隋朝大运河(元朝后称为京杭大运河)的一首诗。

此诗亦褒亦贬,抑中带扬,评论相当中肯。初读似在责难昏君劳民伤财,细品方知是在颂扬运河的伟大。与以往诗人一味批判揭露隋炀帝的荒淫,把他当牛鬼蛇神一样打倒不同,皮日休理性地肯定了隋朝大运河的历史功绩。"共禹论功不较多",在他看来,要是没有后来的游幸江南,骚扰平民,隋炀帝的功劳可以与上古的大禹并举。

一直以来,不管是在民间传说还是在戏剧小说里,也不管是在教科书上,还是在母亲给孩子讲的宝宝睡前故事里,隋炀帝总是被描述成饭桶皇帝、败家子儿。人们总是夸张地去渲染他如何如何荒淫,如何如何王八蛋。在茶余饭后的恶趣味沙龙里,我们经常八卦的也多为隋炀帝与那些女人之间的故事,对他兴建运河开发旅游却少有提及。

其实历史上的杨广文治武功并不在李世民之下,他也是个少年天子,智谋俱佳。尤其开创大运河一举,就足以让史家倾倒笔墨,彪炳千秋。

当然,他也只是偶尔客串一下明君,拿王朔的书来说就是"过把瘾就死",昏庸才是他的常态。所以在他并不算长的政治生涯中,他的主要角色还是一个饭桶皇帝。

杨广十几岁跟父亲一起打天下,二十岁那年灭陈一战把他的政治生涯推向了高潮,为他日后杀父弑兄夺取皇位笼络了不少人心。也不要觉得他卑鄙无耻下流,刘邦的皇位来得也不怎么光明磊落。所以,历史上的很多皇帝,都是资深流氓。我们不妨听信一次李宗吾所谓的"厚黑",也唯有卑鄙无耻下流之人,才能涂炭生灵、流血漂橹,把偌大天下据为己有。

江南可以说是杨广的第二故乡,灭陈后他在此留连日久,这里山美水美人更美。可惜京都到江南路途迢迢,那个时代没有航班也没有高铁特快,去一次江南要累死好几匹马,而且也极不方便。

时为大业元年,杨广正式登基,从此这个中国历史上被描述成大坏蛋的皇帝便正式走向了权力中心。十年经营,他在父皇面前装得宽厚仁慈,既不能打骂同学,又不能抢别人的漂亮老婆,这十年可把他憋坏了,总算换来了皇位的回报。登上皇位后,权力从笼子里放了出来,他的浪子本性也肆无忌惮地暴露了出来。也就是这一年,杨广觉得天下安定了,国库充盈了,似乎应该拿点钱出来投资不动产。于是一边修建新都,另一边就开始了大运河的工程。所谓工程者,不过是为了给自己猥琐的动机寻找一个光明的借口而已。

杨广一生钟情于女人，这种钟情折射出他强大的原始欲望。那些年，最火的不是"超级女声""快乐男声"，而是一年一度的宫廷选秀。成千上万的黄花大闺女从全国各地赶来海选，万里挑一，一入宫门深似海。

选秀是被动接受最终结果，杨广似乎更喜欢主动出击，他在心里计划着大运河竣工那天，无数次在心中欢呼雀跃：江南的美女，我来了！

隋炀帝杨广命人修造通济渠，同年又改造邗沟，大业四年又征发河北民工百万余人开凿永济渠。公元610年沟通长江。至此，开凿大运河的工程就基本完成了。隋朝大运河全线贯通，长两千七百余千米，将钱塘江、长江、淮河、黄河、海河连接起来，北起涿郡（北京），南达余杭（今杭州），为后世南水北调工程奠定了基础，也成为世界上最长的人工运河。

当时整个隋朝不过才五千多万人，开凿大运河一次就征发了百余万人，丁男不足，再征丁女。所以毫不夸张地说，在那个时代，"三人行，则必有一人挖运河。"这样的结果当然是民怨四起，而国家命数也在冥冥中发生着潜移默化的变化。有人评价："炀帝此举，为其国促数年之祚，而为后世开万世之利，可谓不仁而有功。"大运河连通南北，让江

第三章　山河壮丽

南的富裕惠及北方。前人栽树，后人乘凉。后来大唐的李家子孙可算是捡了个大便宜。

运河开通后，隋炀帝就带着几千艘豪华彩船巡游江南。这支庞大的皇家采花大队，所到之处，遍寻佳丽。很多人都疑惑，隋炀帝后宫三千，个个皆是国色美人，为什么还要去民间游幸。其实这跟主食和零食的关系是一样的，宫中妃嫔是主食，江南美女是零食。吃惯了大鱼大肉，偶尔去吃一吃野菜，能达到平衡食谱的功效。得不到的，永远在骚动。

每次出游，隋炀帝总是极尽奢华。大批随从、嫔妃、王公大臣、僧尼道士，乘坐几千艘华丽的龙舟，一路莺歌燕舞，两岸还有骑队护送。据史书记载，隋炀帝所乘的龙舟长二百尺，宽五十尺，高四十尺，共分四层。上层有正殿、内殿和东西两堂；中间两层分成一百二十个房间，全用金玉装饰，供杨广的生活起居用，下层是为他贴身服务的内侍的住所。

在民间，还有一个关于隋炀帝巡游江南的传说。话说炀帝带着皇家船队来到了江都，当地地方官员为了献媚就到处搜集美女献给皇上，有一个民女就被送到了皇上的寝宫。皇上刚要临幸美人的时候，她突然拔出一把刀刺向皇上，后来皇上侥幸躲过了一死，却让这个女子逃跑了。因为这个女子

被低估的时代——隋朝治世

长有一双大脚,于是皇上就下令搜捕全城所有的大脚女人。女人们为了免祸,都把脚用层层素布裹起来,裹得像竹笋一样又小又尖,到后来就流传成了裹小脚的中华三大陋习之一。

也因为大运河的开通,隋炀帝三次凭借此河之利,把战火烧到了大长今的家乡。杨广好大喜功,作为大哥,时不时地收拾一下周边小弟,能满足他膨胀的虚荣心。然而三征高丽,穷兵黩武,也加快了隋朝的灭亡。

大运河开通后,杨广好几次巡游江都,最后却被部下杀死在了江都。安息在这繁华翠柳之地,倒也算生得风光,死得香艳了。

一失足成千古恨。成也此河,败也此河。

后话:

如果说黄河和华山是大自然的鬼斧神工,那么大运河和万里长城便是人类的智慧创造。后者屹立于世界文明之林,雄伟壮观,举世膜拜。隋炀帝本来办了一件功盖千秋的大事,却背负了千秋的骂名。原因很简单,只在于草菅生民。为国者,在于亲民,切忌轻民。《荀子》有曰:"君者舟也,庶人者水也,水则载舟,水则覆舟。"后来居上的李世民很聪明地看到了这一点,是以大唐得以长兴。

第四章　峰烟再起

一、皇帝新装

所谓物以类聚，人以群分，杨素为人阴险狡诈，那些被他一手提拔起来的重臣自然也非善类。当年那些帮助杨广弑父杀兄的小人在他正式登上皇位后都得到了提拔，安置在朝廷各个机要，成为日后祸国殃民的帮凶。而幸存下来的正直之士，则要么韬光养晦明哲保身，要么就昧着良心讲假话。

整个大隋就像穿着一身皇帝的新装，隋炀帝听到的都是些歌功颂德的话，就算他说屁是香的也没有哪个大臣敢站出来说屁是臭的。成天一帮大臣围着他团团转，皇上您英明神武啊！皇上你真是千古一帝啊……谁也不敢出来道破真相，大家都在隐忍不发，都在等那个诚实的孩子出现。

汉代陆贾所著的《新语·辨惑》里面记载了一个秦朝著名的"指鹿为马"的故事，说是嬴政的儿子胡亥即位后，有一天赵高骑着一只鹿，胡亥就好奇地问他："丞相啊，你为何骑着一只鹿呢?"赵高想捉弄他,就故意说:"皇上此言差矣,您认错了,这可不是鹿,这是一匹马。"胡亥觉得自己没有记错啊,他甩着肥而不腻的一脸胖肉说:"不对不对,这明明是一只鹿,丞相误也,以鹿为马。"对皇位觊觎已久的赵高这时候就想探测一下大臣们对他的忠心如何,于是说:"陛下如果不相信的话,可以问问大臣,看看这到底是鹿还是马?"大臣们有的说是鹿,有的说是马,说是马的后来都被赵高暗杀了。胡亥这个糊涂皇帝后来还真的信了大臣们的话,以为这是一匹马。"指鹿为马"的故事固然荒唐可笑,但在和秦朝一样两世而亡的隋朝也有一个情节雷同的故事。

《资治通鉴》把这个故事留了下来,并为世人所知。那是大业十一年(615年)的一天,皇上的御用保镖亲卫校尉高德儒正在宫中例行巡逻,这时候刚好飞来一只不知道是谁家散养的孔雀,落在了洛阳宫城的金殿上。当时还有另外十几个人一起看到了这一幕,高德儒眼睛一转,想到了一个溜须拍马的好主意。他来到杨广跟前,绘声绘色地描述起刚才的一幕,说看到一只凤凰降临皇宫,洋洋洒洒说了一长串,简直比小说家还会编。此时那只孔雀早已飞走,十几个卫兵也都集体沉默,昏庸的杨广信以为真,就觉得是自己皇恩浩荡,感动了上苍。天降祥物,这可是吉祥之兆啊!杨广虚荣心膨胀,高兴地封高德儒为朝散大夫,赏赐绸缎一百匹,和

第四章 峰烟再起

他一起亲眼见证"神鸟"的那些人也都纷纷得到了恩赏。他又下令在神鸟落脚的那个地方兴建了一个仪鸾殿,偶尔去瞻仰一番,还能自我催眠。

其实在昏君当道那样的大背景下,像高德儒这样的人比比皆是,朝廷里还有一个巧于附会的人裴蕴。

当年文帝灭陈之后,善待"江南衣冠之士",所以陈朝许多有才的旧臣都得到了重新任用。攻陈时裴蕴曾写信给杨坚请求在陈朝内应隋军,杨坚想到此事,就把他破格提拔为仪同三司。

他本为陈朝大臣,却临阵倒戈,"请为内应",从这里就暴露出了他圆滑善变的性格。入仕隋朝之后,他也善于揣测主上的心思,随机应变,游刃有余。隋文帝开国初期恢复礼乐,让牛弘制定声乐,只要不是正统音律的,都一律罢官回家。"非正声清商及九部四儛之色,皆罢遣从民"。隋炀帝上台后听不惯那些一本正经的音乐,却偏偏喜好百戏杂耍和靡靡之音。这两父子气质类型完全相反,一个是粘液质,一个是多血质。裴蕴看出了皇上的心思后,就上奏建议他召集天下周、齐、梁、陈等旧国的乐家子弟,收归到乐户。六品以下的,一直到平民,只要是擅长音律或者倡优百戏的人,都官封太常。皇上采纳了他的建议,从此以后许多异技淫声都聚集在乐府,并且教授弟子,到后来艺人增加到了三万人之多。从此有歌听有戏看了,丰富了宫廷娱乐活动,隋炀帝大为高兴，就升他为民部侍郎。

隋炀帝大兴土木，又穷兵黩武，兴建了东都，开通了运河，收拾了周边小国，风光倒是风光了，而国库却越来越空。老爹杨坚节俭一辈子给他攒下来的那点儿家底，现在已经所剩不多了。皇上手头吃紧，裴蕴就提议来一次"全国人口普查"，结果就查出来多了新户二十四万三千丁，六十四万一千二百口。多出来的人口被征收的赋税又可以让隋炀帝花一段时间了，隋炀帝一高兴，又把他提拔为御史大夫。

御史大夫，即三省六部制实行之前的大理寺少卿，也就是天下第一抬杠人赵绰曾经担任的那个官职。不过他和赵绰完全相反，赵绰是法不阿贵，他却是徇私枉法。每次遇到案子，裴蕴凭一条三寸不烂之舌，把黑的说成白的，把白的抹成黑的，极尽口舌之能事。

后来杨玄感起兵反隋，隋炀帝平定叛乱之后对裴蕴说："杨玄感一呼百应，跟随他的人竟然达到十万人之多，所以天下的人不能太多，太多了就容易动乱。"这句话几乎就是在暗示裴蕴要多杀人，把人口控制下来。有炀帝的强盗逻辑当尚方宝剑，裴蕴此后更加肆无忌惮了，杀过的人达到好几万。而且一个一个的杀还不过瘾，还一坑一坑地集体杀害，动不动就"诏郡县坑杀之"。隋炀帝对他的暴行还大加称赞，赏赐了他十五个奴婢。

薛道衡得罪了隋炀帝后，裴蕴就进谗说薛道衡恃才放旷，不把皇上放在眼里，诬陷他想要谋反，导致一代风流才子薛道衡终被谤杀。

不过这些昏君身边助纣为虐的小人最后的结局也很惨，最有代表性的是隋朝最大的权臣杨素之死。

杨素权倾朝野，向来狐疑的隋炀帝担心他也会像父亲以隋代周一样取代自己。宫中太史夜观天象，说在楚地将会有大的丧事，隋炀帝就封杨素为楚国公，想让他应天象而死。果然不久杨素就大病，隋文帝表面上假惺惺地关心他的病情，其实心里早就在敲锣打鼓放鞭炮庆祝了。杨素聪明过人，早就看出了杨广的心思，于是皇上派御医给他送的药他也不吃，一心求死。他对弟弟杨约说："其实我早已料到会有今日，不过你我兄弟二人在大隋也算享尽了荣华富贵，地位无人可比。我们在东西两个京城都有华屋豪宅无数，在全国各地都有邸店和磨坊。现在我已经六十几岁，再活着也无意义了。皇上要我死，还不如自尽吧。"杨素一边说一边流泪，不久就去世了。

后话：

诸葛亮曾在《出师表》里感慨："亲贤臣，远小人，此先汉所以兴隆也；亲小人，远贤臣，此后汉所以倾颓也。"炀帝昏庸，让奸佞当道，忠良尽害。隋朝式微，盖发轫于此也。

二、昏君贤后

隋炀帝本人虽然昏庸,但是他却娶到了一个贤良的好老婆萧后。就像托尔斯泰说的那样:"不幸的人各有各的不幸,而幸福的人都有一样的幸福。"上天给了他做恶人的机会,却没有剥夺他成为一个幸福丈夫的权力。

萧氏也是名门之后,她的曾祖父就是曾经在文坛大名鼎鼎的南朝梁昭明太子萧统,他所编撰的《昭明文选》是中国现存的最早一部诗文总集,并留下了"顾山红豆"的千古佳话。

她出生在江南草长莺飞的时节,杨柳复青,又添得一女丁,这本来该是一件大喜之事,但是家人却怎么也高兴不起来。因为在江南一带的习俗里认为诞生在二月的孩子是不祥之物,在那个迷信就是信仰的年代,她的出生无疑就成为了举家的一个愁结。父亲萧岿一夜未眠,他在案前六神无主地挑拨着灯草,思绪也像这跳跃的火舌一样躁动不安。天亮了,他衣襟上的泪水也已经干了。他看着襁褓里手脚并举的女儿,虽然生离,但已如同死别。他做了一个艰难的决定,决定把她过继给堂弟萧岌。

难道她真的是不祥之物吗?她在养父家生活了一段时间后萧岌就死了。后来她又跟着舅舅一起生活。当时舅舅早已

第四章 峰烟再起

家道中落,沦为贫民。所以这个贵为一国公主的小女孩,从小就要扛着锄头和大人们一起去地里干活,估计她也是历史上唯一一个挑过大粪的公主吧。

杨广被立为晋王后,隋文帝想在附属小国西梁的皇室中为广儿选一位公主当妻子。西梁国王萧岿就叫来术士对几个女儿占卜,但是全部都不中,于是萧岿就把这个还在民间干农活的小女儿召回宫里,结果一占就中。天意如此,早年让这个柔弱的女孩子寄人篱下,尝遍人世苦辛,后来又让她成为当时世界第一大国的皇后。失之东隅,得之桑榆。

这个"不祥之物"的西梁公主就这样成为了隋朝的晋王王妃,她性格温婉柔顺,又好学识体,所以很受隋文帝和独孤皇后的喜爱。可以说杨广的得宠,有一半的功劳都是她的。"侯景之乱"中梁武帝被饿死,从那以后梁朝经历了数次颠簸,传到西梁国时已经成了隋朝小小的一个属国,与其说国,还不如说一个大一点的郡县。皇后非常疼爱出身西梁的这个媳妇,就对文帝说:"梁主通心,腹心所寄,何劳猜防也!"于是文帝就撤销了江陵总管,让权力重新回到亲家萧岿的手中。

也许是继承了父皇对母后的钟情,杨广此人虽然生性风流,但是对萧后却始终如一。他登基后就诏告天下立萧氏为皇后,诏曰:"朕祗承丕绪,宪章在昔,爰建长秋天,用承禴荐。妃萧氏,凤禀成训,妇道克修,宜正位轩闱,式弘柔教,可立为皇后。"后来每次出巡江南,也都会把她带在身边。她和杨广所生的儿子也被封为太子,这个儿子不像杨广那样喜好奢华,反而有一点祖父杨坚当年的气质,宽厚仁爱、节俭朴素。可惜杨广阴晴不定,他对自己的亲生骨肉也留有一丝戒心,被强迫留守在旧都长安的太子不久就病死了。

萧皇后虽然被终生宠爱,但是她也有难言之痛。当时隋炀帝奢侈无道,天下越来越离心离德,贤良的萧皇后看在眼里,痛在心中。她从小生活在民间,深知穷苦老百姓生活的不易,现在丈夫挥霍国帑,又加重徭役,是在陷百姓于水火之中啊,每次想到这些她就忍不住泪流潺潺。伤心忧郁中的她让丫鬟照着高烛,在夜里写下了一篇著名的《述志赋》:

"承积善之余庆,备箕帚于皇庭。恐修名之不立,将负累于先灵。乃凤夜而匪懈,实寅惧于玄冥。虽自强而不息,亮愚朦之所滞。思竭节于天衢,才追心而弗逮。实庸薄之多幸,荷隆宠之嘉惠。赖天高而地厚,属王道之升平。均二仪之覆载,与日月而齐明。乃春生而夏长,等品物而同荣。愿立志于恭俭,私自竞于诫盈。孰有念于知足,苟无希于滥名。惟至德之弘深,情不迩于声色。感怀旧之余恩,求故剑于宸极。叨不世之殊盼,谬非才而奉职。何宠禄之逾分,抚胸襟而未识。虽沐浴于恩光,内惭惶而累息。顾微躬之寡昧,思令淑之良难。实不遑于启处,将何情而自安!若临深

第四章　峰烟再起

而履薄，心战栗其如寒。夫居高而必危，虑处满而防溢。知恣夸之非道，乃摄生于冲谧。嗟宠辱之易惊，尚无为而抱一。履谦光而守志，且愿安乎容膝。珠帘玉箔之奇，金屋瑶台之美，虽时俗之崇丽，盖吾人之所鄙。愧絺绤之不工，岂丝竹之喧耳。知道德之可尊，明善恶之由己。荡嚣烦之俗虑，乃伏膺于经史。综箴诫以训心，观女图而作轨。遵古贤之令范，冀福禄之能绥。时循躬而三省，觉今是而昨非。嗤黄老之损思，信为善之可归。慕周姒之遗风，美虞妃之圣则。仰先哲之高才，贵至人之休德。质菲薄而难踪，心恬愉而去惑。乃平生之耿介，实礼义之所遵。虽生知之不敏，庶积行以成仁。惧达人之盖寡，谓何求而自陈。诚素志之难写，同绝笔于获麟。"

她身上似乎有着曾祖父当年的影子，多情，敏感，浸淫于文字。《述志赋》六言十韵，字字肺腑，让人读后伤心，思之流泪。全赋以《女诫》和《女史箴》为道德标准，对自己提出了许多要求，这种严于律己式的自责是对隋炀帝陷于昏庸的无力哭喊。作为一个封建社会的女人，附丽于丈夫，她深知自己不能改变杨广的想法，挽狂澜于既到，所以内心的痛苦只有借文字来发泄，一书委屈。

隋炀帝游幸江都时，有个宫人告诉他有人想要造反，他大怒之下下令把那个报信的人杀了。萧皇后看到后也不再言，她知道眼前的丈夫已经不可救药了。

后来有个奴婢神色慌张地跑来告诉她："娘娘危矣！外面有几个卫士在偷偷商量谋反。"她却很平静地说："天下事已经到了这个地步，时势使然，已经没有办法挽救了。何必再说这些，而徒令皇上忧烦呢？"

隋炀帝死于江都之后，萧皇后被叛军带到了聊城，窦建德攻城后又把他迎回，她的后半生留在了突厥，李世民大败突厥又把她接回长安，并礼遇有加，死后以皇后之礼厚葬于炀帝陵寝旁，生前不能共老，死后却在地下和丈夫相会。

她和炀帝生有二子一女，长子就是元德太子杨昭，二儿子杨暕被封为齐王，小女儿后来嫁给李世民为妃。

后话：

萧氏本是一个贤明皇后，却生错了时代。她生为梁国公主，却流落人间；贵为当朝皇后，却忧从中来。一生命运多舛的她注定了要成为王朝的守墓人。一篇《述志赋》，多少女儿泪。

三、再起兵戈

其实高丽这一仗是根本没必要打的，只是隋炀帝这时候已经做上了超级大国的皇帝，好梦正酣的他意犹未尽。而三征高丽，不过是这种强大征服欲的延烧。

第四章　峰烟再起

高丽又称为高句丽，是红遍大江南北的大长今的家乡，远在今天的朝鲜半岛，并占据了中国辽东一带。隋文帝在世的时候，高丽王慑于大隋的威严，还自称"辽东粪土之臣"。但是他嘴上称臣，心中却在大骂隋朝这个老王八蛋，并开始秣马厉兵。炀帝刚即位时，高丽王还有点害怕，但是到后来就越来越大胆了，表面上是隋朝的属国，私下却偷偷和其他国家联络，想要行合纵连横之计。高丽经常来偷袭隋朝北部的边疆，惹怒了隋炀帝，他就写了一封信给高丽王："辽水再广阔，能比得上长江吗？高丽人再多，能有多少个陈国？朕如果不是心存仁慈，怪罪于你，派出一个将军，你们高丽又能抵抗多久？"言下之意就是说陈朝那么大都被我灭了，你是想找死吗？

后来隋炀帝在突厥可汗处发现了高丽的使者后才惊醒，原来"粪土之臣"想要造反。大业七年（611年），已经打败了伊吾、吐谷浑等国的隋炀帝自以为战无不胜，为了追讨高丽的罪过，他准备御驾亲征。当时大运河已经开通完毕，所以军队的调集十分方便。隋炀帝在涿郡募集了一百多万大军，但是为了壮大声势，就对外宣称的是"两百万大军"。阵势浩大得"近古出师之盛未之有也。"高句丽区区一个弹丸小国，哪里用得着这么大的阵仗？所以隋炀帝实则是在赤裸裸地耀武扬威。

不过这"两百万"大军到了辽东后却无用武之地，这里地势狭隘，不利于大规模作战，所以高丽军队和大隋军队玩起了猫捉老鼠的游戏。隋炀帝把军队分成几路，分别从海上和陆地进攻，他亲自率领一部分先行军打头阵，本来以为可以雄赳赳气昂昂跨过鸭绿江了，但是抵达辽河时河水已经开始解冻，所以这些职业军人又客串了一回工匠，放下手中兵器开始伐木修桥。高丽人趁隋军修桥之际发起偷袭，把隋军击退了好几里。

隋军修了打，打了修，后来总算是把桥建好了，但是士兵也损失了不少，不是被高丽人的石头砸死的，就是掉进河里淹死的。这下总可以开打了吧，但是隋炀帝担心将帅会叛变，每次军事行动前都得向他报告，批准后才能执行。前锋和指挥部又相距太远，驰报的士兵一来一往就要花大半天时间。士兵们没有得到指令又不敢妄动，一直被动挨打。几个月过去了，高丽还没有攻下。另一部分从海上进攻高丽的军队上岸后又被假装后退的敌军引入城中，遭到了当地游击队的袭击，十万大军最后只有几千人活着回来。

隋炀帝这边久攻不下后也快弹尽粮绝了，食物本来就少，为了加快行军，途中又扔掉了一些粮食，再这样熬下去战士们就只有啃脚趾甲了。隋军渡过清川江的时候看到水浅就没有防备，高丽大将乙支文德等到隋军主力迈入江中后下令在上游大坝早已埋伏好的手下开闸放水，隋军大败。

这次进攻高丽隋军死伤惨重，三十万大军，最后只逃回

第四章 峰烟再起

了两千七百人。

大业九年（613年），为了一报上次之仇，隋炀帝不顾国内发生自然灾害，百姓水深火热，只留下一个几岁的小孙子留守京师，以宇文述为主将，上大将军杨义为副将，带领军队再次对高丽发起了进攻。这次隋炀帝吸取了教训，把行军指挥权交给各个将领，他想，上次是我大意，这次我粮草备足了兵权也放了，总该让我打胜仗了吧。可是事实并不如人意，上次隋炀帝担心的事情在这次发生了，杨素的儿子楚国公、吏部尚书杨玄感在军中突然发起了叛乱。其实早在隋炀帝征伐吐谷浑的时候杨玄感就想趁机起兵造反，但是后来被其叔父杨慎劝止。杨慎说"人心未离，国无灾衅"，认为时机还未成熟。杨玄感隐忍了几年，在这次攻打高丽时主动请缨在黎阳督运粮草。他以抵抗农民起义军为名在各地强征壮丁，然后又用这支军队来对付杨广。

杨玄感打着"为天下解倒悬之急"的旗帜起兵反隋，像江南刘元进这些对这个政权早已丧失信心的人都纷纷来响应他。韩擒虎的儿子韩世谔和杨雄的儿子杨恭道等等名人之后也都来投靠他，朝中的光禄大夫赵元淑、兵部侍郎斛斯政等大臣也作他内应。

杨玄感一日三战三败，被政府军击得节节败退。杨玄感兵败后对弟弟杨积善说："事败矣，我不能受人戮辱，你可杀我。"杨积善便遵命将他杀死。京都洛阳告急，出征高丽的大军被迫转过头来对付自己人。这次的出征，又无功而返。

大业十年（614年），不服气的隋炀帝又整饬好军队向高丽进发，高丽终于臣服。隋炀帝春风得意之时，却没有预料到大隋的根基已经开始摇晃了。

早在第一次攻打高丽的前两年，隋朝就爆发了农民起义，虽然很快就被镇压下去，却点燃了百姓反抗的星星之火。隋炀帝连年征战不休，又大兴土木，许多农民被强征劳役。反正起义是死，听话也是死，至少起义还可以博一回。于是各地农民纷纷揭竿而起，几年间全国各地的起义军就达到了上百支。当时国内又发生了严重的旱灾，隋炀帝却不顾国内严峻的形势，依然小题大做地去攻打一个对隋朝毫无威胁的小国家。为了壮大排场，他还不惜调集举国兵力倾于辽东，导致了后方空虚，给义军的发展带来了时机。

到最后一次攻打高丽时，国内早已形成军阀林立、各自割据的局面了。

后话：

孙膑曾说："恶战，王之器也。"打江山要靠战争，而坐江山就要靠远离战争。隋炀帝好大喜功，在国内矛盾加剧的时候没有想到偃武止戈，而是虚耗国力去为自己逞强。到了大业十二年（616年）起义军已经遍布全国各地，多达百余万人，自此拉开了隋亡唐兴的序幕。

四、雁门遇险

征伐高丽之后,天下大乱,但是隋炀帝这个享乐主义皇帝却一点也不着急。全国兵荒马乱,政府军和叛军杀得你死我活,他却带着萧皇后优哉游哉地去汾阳宫避暑,打吧打吧,那么厉害的杨玄感都被收服了,你们几个土农民还怕什么?

在汾阳宫呆了三个月后他又突发奇想地出巡塞北,真不知道他当年平定陈朝的足智多谋到哪儿去了,在这样的危机关头还想着去旅游。

把镜头转向农民起义这边来,话说当日杨玄感聚众起义,到处宣传革命思想。他把父老乡亲们召集起来,一副要为民除害的样子,说:"当今皇上昏庸无道,不顾我们老百姓的死活,穷兵黩武,征敛无度。我们多少兄弟姐妹都死在他的手上啊,百姓饭都吃不饱,他却还在营建新都和开凿运河,现在又要去打一个我们听都没有听过的高丽。我们不能再坐着等死了,现在我要顺承天意,带领你们一起去除掉暴君。"大伙听后热情高涨,都一起大吼:"除掉暴君!除掉暴君!"

其实老百姓根本就不在乎顺不顺承天意,那些所谓的"匡扶社稷"也都是狗屁,只要打败了杨广之后能每顿管饱

被低估的时代——隋朝治世

就可以了。

革命武装有了,还缺一个军师,这时杨玄感就想到了自己的好朋友李密。这个李密在隋朝名气很大,他也是出身名门,曾祖父是贵为西魏八大柱国将军之一的李弼。李密小时候在宫中当侍卫,有一天隋炀帝看到这个小孩子像得了多动症似的左顾右盼,就训斥他:"你当差就好好当差,贼眉鼠眼地到处瞅干嘛!"隋炀帝喜欢所有人在他面前都老老实实的,所以这个在他看来不安分的小孩子就被顺理成章地罢免了。

回到家的李密也不气馁,他决定奋发图强,钻研学问。有一次他骑在牛背上,把《汉书》挂在牛角,争分夺秒地看书。杨素看到后大为赞赏,认为此人以后定有出息,所以就让儿子杨玄感和他结交。这就是著名的"牛角挂书"的故事。

李密来到义军军营中向杨玄感献了三条计策,他说:"杨兄你如果想要夺取天下,眼下只有三条路可以走。一是趁皇上现在身在关外,你袭据涿郡,扼临榆关,和高丽军队夹击隋军;二是进军长安,占领长安后以此为据点和隋军对抗;三是就近直取洛阳。"杨玄感求胜心切,偏偏采用了三计中最冒险的一计,带兵去攻打洛阳。

洛阳是隋朝京都,杨玄感去打洛阳就等于掀人家老巢,当然会逼得人家抵死相拼的。隋炀帝也不打高丽了,急得下

第四章 峰烟再起

令班师回朝全速营救洛阳。杨玄感兵败自杀，李密也被监禁了起来。

在押解的途中李密逃了出来，并投奔到东郡农民起义军首领翟让建立的根据地瓦岗寨，翟让早就听说李密的大名，于是赶紧叫人把他请到堂上好吃好喝地招待。翟让恭敬地说："早就听说先生'牛角挂书'的佳话，今日得以相见，实在幸甚。当今天子无道，我等才无奈委身绿林，盘踞在此，还请先生为我军指出一条明路。"李密酒饱饭足后就说："现在烽烟四起，隋军正在洛阳剿杀残寇，而无暇他顾，大王应当趁此机会攻取荥阳，占据粮仓，从而壮大自己的势力，以图争雄天下。"翟让听取了建议，很快就带兵攻占了荥阳城，自此对李密更是信任有加。瓦岗军在东征西讨中迅速成长起来，和河北的窦建德军、江淮的杜伏威军并称为隋末三大义军。三股势力各自割据，不断地蚕食着朝廷的地盘。

而在这样混乱的背景之下，隋炀帝竟然还颇有闲情逸致地提出了出巡塞北。

胡天八月的塞北格外寒冷，雁门郡里一夜之间冒出了上百个营帐，周围还有许多士兵把守。郡府中不断传来男女嬉闹的笑声，原来是隋炀帝正在和美人们在营中戏乐。突然远处一声长嘶，只见对面一个人从马上滚了下来，急冲冲地往这边跑，侍卫们拥上去把他押了起来。他却神色紧张地连连大喊:"我要求见皇上,我要求见皇上!"被惊动的隋炀帝吩咐侍卫把他带了进去,他一见到隋炀帝就下跪说:"我是义成公主的手下,公主派我来告诉圣上,突厥始毕可汗正在向这边进军,想要谋杀陛下。圣上快点趁大军赶来之前离开!"隋炀帝一听大惊,打算马上下令将士们进入战时状态,这时宇文述却说:"我大隋国威岂容乱贼践踏,请求陛下带领轻骑兵去杀敌突围。"右御卫将军苏威就劝阻:"此事万万不可,如果光是守城的话,我军绰绰有余,但是突厥的轻骑兵十分厉害,如果和他们正面交锋,必受其害,大兵一出将无一人生还。陛下万乘之主,怎么能冒这个险呢!"

光禄大夫樊子盖也进谏道:"皇上应当退而守城,不要轻易出兵,不然一朝失足,身与名俱灭啊。我们就在此加强防御,等待朝廷的援兵赶来。"

这时宇文述还在极力鼓动皇上出兵,其实他心中早已谋划好了,等到隋炀帝一旦死于战乱,他就趁机篡夺天下。

情势危急,许多大臣都来劝谏。皇帝的小舅子、萧皇后之弟萧瑀这时献了一个折中之计,说:"突厥奇风异俗,向来都是尊女人为首,义成公主当年嫁给启民可汗,现在虽然始毕可汗即位,但是公主应该还是掌管着突厥的兵马大权,陛下如果派一个使者叫义成公主下令退兵,然后陛下再诏告军中上下,以后不再征伐高丽了,士兵们定当全力以赴攻打突厥,这样就可以解围了。"隋炀帝最后选择了萧瑀的计策,宇文述的诡计落空。

信使把皇上的意思转达给义成公主后。公主就佯称敌人从北方入侵,骗取国丈把军队全部调回去保国,而解除了雁门之围。

隋炀帝为了击退突厥而跟士兵们许诺赦免高丽,但是雁门解围之后又突然反悔。萧瑀献计使得炀帝躲过一劫,后来却遭到无端处罚。他说:"萧瑀乘围城之机恐吓引诱朕放弃对高丽用兵,其罪不可饶恕!"然后把萧瑀贬职为河池郡守,逐出京城。

后话:

全国各地的起义已然呈燎原之势,隋炀帝却还在风花雪月,其昏庸若此!国家灭亡那是迟早的事了。雁门遇险,幸亏有萧瑀献策才保全了性命,而炀帝拒谏饰非,不但不奖赏有功之臣,还以报复相加。无数忠义之士就这样远他而去,最终离心离德,闭目塞听。

五、身死人手

国内的战事似乎丝毫也没有影响杨广的雅兴,大业十年(614年)他在巡幸了东都、太原、汾阳宫,经历了雁门之险后,又在十二月再次回到洛阳。在外旅游了一圈回来后,天下已经冒出了十几个山寨皇帝,你争我夺,各自为政。

被低估的时代——隋朝治世

当时洛阳周围天天都在打仗,杨广却童心未眠地叫手下去民间抓萤火虫,等到夜幕降临时一并在景华宫放飞。他看着满天轻舞的流萤,笑得没心没肺。

不久战火就快烧到洛阳了,瓦岗军击溃了隋军主力张须陀和裴仁基部,并颁布了隋炀帝的十大罪状:"罄南山之竹,书罪无穷;决东海之波,流恶难尽。"淡定了一辈子的杨广终于学会了着急,他赶紧召集大臣们商议对策。怎么办!宜阳告急,洛阳就快不保了,我们要坐在这里等死么?上次在雁门宇文述没有得逞,这次机会又来了。于是他就眉飞色舞地说:"这里成天都在打仗,不好玩,陛下可以去江都避一避,那里是人间桃源,远离战火,还有美景美色哦。"此计和杨广一拍即合。这时一个不怕死的大臣就来劝谏:"现在到处都在打仗,乱臣贼子流窜各地,陛下不宜出行,力保安全才是啊。"杨广大为光火,你一个小臣站着说话不腰疼,江都山美水美人更美,洛阳根本没有可比性。于是下令把他肢解了,后来又一个愚忠的大臣来劝皇上回长安养精蓄锐,也被处斩。

或许真的是"疾风知劲草,板荡识忠臣",隋炀帝身边这些平时阿谀奉承惯了的手下现在一个个都集体良心发现。虽然接连两个被杀,但还是有大臣冒死进谏,苏威就说:"现在盗贼不止,士马疲敝,如果贸然出去,定会陷于危险之中,还请陛下暂时退避长安,恢复元气后再平定叛乱。"

跟了杨广三十几年的老臣赵才也说:"现今天下大乱,各地都鱼龙混杂,还请陛下回京,以安万民。臣虽然驽钝,但为了大隋国祚,也胆敢冒死一求。"大臣们的轮番轰炸终于见了成效,杨广有点动摇了,打算屈从他们的意见,回到长安疗养国运。宇文述可不愿意眼看就要成功的计划就这么落空,他说:"现在叛乱被平定了不少,已经没有多少盗贼了。"杨广转头问苏威:"是吗?宇文爱卿之言是否属实?"苏威知道杨广贪恋安逸,此刻劝欲大减,就敷衍道:"臣也不知道。"后来苏威向杨广献了一部宣教君臣之德的《尚书》,暗讽他昏庸不堪。杨广一怒之下将他免官,他在大理寺受审时慷慨地说道:"臣侍奉本朝两个皇帝三十几年,不能感动圣心,以至于皇上不断犯错,这是我的过失啊,罪当万死。"杨广听到后下令把他释放,并让他一起前往温柔乡江都。

杨广即刻就下令启程,在心中大声欢呼:江南的美女们,我又来了!

虽然处在那个战火纷飞的岁月,但江都依然保持着一如既往的繁荣和安定。这里的亭台楼阁、青石水磨一切如旧,滞留江南的杨广心情开始愈合,先前对国家的忧患也早已被这些美景所冲淡。难怪后世诗人要说"人生只合扬州死,神智山光好墓田"了,有一种心动的美丽,是可以让人心甘情愿去死的。

杨广每次到江南，都会搜寻美女，当然江南也不会辜负他。这里的女儿国色天香、光彩照人，一笑倾人城，再笑倾人国。不过这次杨广却没有找美女，玩尽人间佳丽的他开始玩难度，专好女童。他让手下修建一座"迷楼"，楼里用乌铜做屏风，把各地搜寻而来的小女孩聚集在楼中，以供他日夜淫乐。

在这时候一个重要的人物登场了，他就是权臣宇文述的儿子，《轩辕剑·天之痕》里宇文拓的原型宇文化及。

宇文化及有"乃父之风"，一样的贪财好色，一样的圆滑奸诈。杨广还在当太子的时候，身为宫廷护卫官的他就常来巴结。杨广为人也极为奸诈，遇到同类当然奉为知己，当上皇帝后就提拔宇文化及为左翊卫大将军，并封为许国公。现在那些拜金主义的美女是靠认干爹来致富，而宇文化及却偏偏认干儿子来敛财。他看到哪个商人或者官员有钱有势就强迫认他当干儿子，既然为干儿子，就要尊崇礼教孝顺干爹，所以"干儿子"们成了他贪污受贿之外的主要经济来源。他生性贪婪好强，只要看到谁家的姑娘长得好看，或者别人有什么好东西，他就一定会想法设法弄到手。他仗着皇上的宠信，在朝中飞扬跋扈，因为受贿被免了无数次官，但后来又都官复原职。

隋炀帝再次游幸江都时，宇文化及也跟着一起来了。

杨广在江都的随从禁军叫"骁果"，他们大部分都是北方人，看过孙俪主演的《越光宝盒》的人都知道，北方人是在马背上长大的，南方人是在船上长大的，这些"骁果"到了江南水土不服，又不会"摇风摆柳"，所以都非常思念故乡。"骁果"的统领司马德戡就对好朋友武贲郎将裴虔通说："现在陛下想在丹阳郡修建一个行宫，以为新都，看样子是不打算回去了。手下们都想念故北，打算逃回去。我要是请示那个昏君，他肯定会把我杀了，要是不告诉他的话，将来士兵们跑了，我也会被连坐诛杀。听说现在关中也已经沦陷了，华阴令李孝常投降了李渊，陛下已经逮捕了李孝常的弟弟准备处斩。我们的亲人家眷都在关西，这怎么办啊？"

裴虔通说："伴君如伴虎，我也怕哪天突然就被降罪了，不知道怎么办。"

这件事传到了宇文化及的耳朵里，正中下怀。他怂恿司马德戡趁现在手握兵权造反，杀了隋炀帝，然后夺取天下，功名富贵自然可期。在一起密谋时，众人在赵行枢和宇文智及的建议下都推举宇文化及当老大，宇文化及最开始听到这个消息时吓得大汗淋漓，过了好久才放松下来。

司马德戡先是让人散布杨广要处死"骁果"的谣言，引起军中大乱，后来又把城门关闭，阻断城外的援兵。半夜的时候叛军突然杀进宫中，杨广逃跑。裴虔通灵机一动就问宫女："皇上哪儿去了？末将赶来救驾来了。"宫女就指出了杨广的藏身之处。

天亮的时候，军队去迎接宇文化及，他还以为是叛乱失败来抓捕他来了，吓得直发抖。后来看到被士兵押解的杨广才知道造反成功了。

后来宇文化及下令将杨广押出去游街示众，回来后让手下把他杀死在了宫中寝殿里。

后话：

杨广一生多次巡游江都，最后却被部下杀死在了江都。安息在这繁华翠柳之地，倒也算生得风光，死得香艳了。"身死人手，为天下笑者，何也？仁义不施而攻守之势异也。"（《过秦论》）大隋到这里已经濒临土崩瓦解的边缘了，只差最后一击。

六、傀儡皇帝

也许真的是因果报应，奸诈的杨素死于杨广，奸诈的杨广又死于宇文化及。环环相扣，以毒攻毒，构成了一个可笑的食物链。

宇文化及杀了隋炀帝杨广之后，又学北周的宇文护拥立秦孝王杨浩为帝。在古代有一个很有趣的现象，很多叛贼造反成功后并不会急于称帝，而是扶植一个傀儡皇帝，这些傀儡皇帝大多是一些前朝宗室。因为在古代"君为臣纲"的体系下谁也不敢轻易跨越伦理的底线，所以以这些宗室为号

第四章 峰烟再起

召,就可以避免背上不必要的道德包袱。

弑君之后,又开始杀臣,那些凡是和自己意见相左的人都会被宇文化及找借口一一除掉。他登上杨广曾经坐过的宝座,在寝宫里也学他一样和美女们昼夜淫乐,俨然一个刚即位的新皇帝。

将士们思念北方已久,杀了杨广之后这种愿望得到了实现的可能。宇文化及决定离开这个让人绵软的地方,开始了北归之路。他抢了江都老百姓的舟船,载着小朝廷浮江而上。途中宿公麦孟才和折冲郎将沈光等人想要偷袭宇文化及,失败后被杀。大队人马行到徐州的时候,由于水路不通,毫无拥军爱民思想的宇文化及带着手下像强盗一样抢了当地百姓的两千辆牛车,然后把所有宫女和珍宝都装在车上。隋炀帝到死也不会想到,当年享尽了荣华富贵的后宫佳丽们,现在竟然寒酸得坐在牛车上。

士兵们后来才发现这辈子做的最大错事就是当初推举了宇文化及当老大。现在宇文化及让他们背着兵器装备长途跋涉,再加上人困马乏,一个个都累得快要趴下了。照这样下去,还没回到故乡就死在异乡了。作为士兵们从前的头儿,司马德戡感到十分对不起兄弟们,他私下里对赵行枢说:"你可把我害苦了,如今杀了昏君,本应该推举一个贤良之士为主,这个宇文化及昏庸无能,和杨广简直是一个模子刻

出来的。我们要完蛋了。"赵行枢却很轻松地说:"我们可以把他推上去,同样也可以把他拉下来。"两人秘密磋商了一番后,决定用几万后军谋杀宇文化及,功成后奉司马德戡为主。但是这次造反的保密工作没有做好,在计划还没来得及实施之前,一个间谍就把此事密报给了宇文化及,导致司马德戡及所有密谋者全部被处死。这次大开杀戒让许多人都离他而去,最后选择留下来追随他的只有区区几万人了。

在宇文化及立了一个傀儡皇帝之后,隋朝前御史大夫元文都也如法炮制地推举越王杨侗为帝。当时洛阳兵权被王世充把持着,为了制衡他,元文都就建议杨侗招安当时势力庞大的李密。

李密被招安后,封为太尉,元文都交给他一个剿匪的任务——去攻打宇文化及。在农民起义中成长起来的李密感同身受地深知,只有吃饱了肚子才能干活,所以李密行军的第一步就是抢占粮草。他派大将徐世勣去占据了黎阳仓,守着粮食的将士们心里倍感踏实,士气也随之大增。宇文化及带着老弱残兵渡过黄河后进驻到黎阳县城,几路分兵去袭击徐世勣,李密就在清淇以掣其肘。徐世勣和李密在两地驻军,配合默契,互为呼应,把宇文化及打得节节败退。李密对待俘虏十分残忍,捉到敌军部将于弘达后就把他丢进锅里煮得烂熟,这种残忍也是一种心理战术,在一定程度上震慑了敌军。

第四章　峰烟再起

连续打了一段时间后，宇文化及才真实地感觉到李密先占粮仓的聪明之处，这时宇文军队已经弹尽粮绝，士兵们饿得前胸贴后背，连拿刀的力气都没有了。反正进退都是死，还不如学楚霸王死得壮烈，或许还能在青史残章里留下一笔，宇文化及带着军队渡过永济渠，在童山和李密决战。士兵们一上战场，战鼓还没开始擂响，肚子就先响了。所以这一仗打到半截，军队就逃跑到汲郡去求军粮了，然后又派使者去东郡抢官民的米粟。东郡的太守王轨痛恨宇文化及，就去投降了李密。宇文化及连续几仗都打得狼狈不堪，要是让他那个能谋善战的父亲看到还不气死。后来他带着两万残余将士，北逃到了魏县。跟着这个大哥吃不饱就算了，还经常被人追着打，士兵们开始越来越气馁了。大将陈伯等就准备叛逃，事发后被宇文化及所杀。从前的心腹跑的跑，死的死，不是被敌人杀，就是因为开小差被自己杀，宇文化及到了一种众叛亲离的尴尬境地。军队士气低迷，弟兄们感到十分苦闷，就叫牛车上的宫女下来唱歌，今日不谈战事，只管开怀畅饮。一番酩酊大醉后，宇文化及露出了刚强外表下的脆弱，就埋怨起弟弟宇文智及来："你看看，都怪你当初推举我，现在还背负着弑君的天下恶名，马上就要被灭族了，这一切还不都是因为你？"宇文智及拿着酒瓶子摇摇晃晃地怒道："嘿，当初造反成功的时候怎么不见你埋怨我？现在快要失败了就把所有责任都推到我身上。你怎么不把我杀了去投降窦建德呢？"两人吵吵闹闹，一会儿就鼾声如雷了。

宇文化及知道自己的军队熬不了多久了，就说："人生反正都有一死，难道就不能当一天皇帝吗？"他在小小的魏县用万余人建立了一个梵蒂冈式的袖珍"国家"，也像大隋一样设置文武百官，自立为帝，国号为许，年号天寿。

"建国"后，宇文化及该尽一个皇帝的职责，正儿八经地去南征北战了。他带领军队去进攻魏州的元宝藏，打了四个月也没有打下来，反而被元宝藏打败了。后来大唐派淮安王李神通来招抚他，他没有接受，李神通把他的军队打了一顿就走了。

齐州的土匪老大王薄听说宇文化及有很多宝物，就来投靠他。后来窦建德攻打宇文化及，王薄却带领着他堂而皇之地攻进城里。宇文化及被生擒后，窦建德数落了他弑君之罪，然后把他杀了。

后话：

古代许多英雄杀君之后自立为帝，最后夺得天下。宇文化及便如法炮制古人的帝王成功学，而高估了自己的能力和德行。将士离心离德，打仗又屡战屡败，最后在一个小县里完成了他的"皇帝梦"，不久后又被杀。苦心经营，最后却惨淡收场。

第四章 峰烟再起

七、江淮义军

　　隋末农民起义风起云涌,势力最大的有三家:瓦岗寨、窦建德和杜伏威。这三家中的翟让和李密以及窦建德都是上层社会出身,而只有杜伏威一个人才算货真价实的土农民。杜伏威是因为吃不饱才造反的,所以他的起义理由较前几个人更为正当。

　　杜伏威和许多的新中国缔造者一样,出生在一个穷苦的农民家庭里,从小过着有上顿没下顿的日子。史书上说他"少落拓,不治产业",这句话实在是平白之冤,那时家徒四壁,根本就没有产业可以拿来治。因为衣食不足,所以不知荣辱,饿慌了的杜伏威就做起一些偷鸡摸狗的事情来。辅公祏是杜伏威的铁哥们儿,他的姑姑家里是搞养殖的。有一次辅公祏看到杜伏威快饿晕了,就偷了姑姑家的几只羊送给他,后来姑姑一气之下就告了官。当时隋炀帝信奉"人多了就不好管"的强盗逻辑,鼓励官府使用严刑峻法,所以偷一只羊就很可能性命不保,杜伏威和辅公祏因此开始了亡命生涯。而那一年,杜伏威才十六岁。

　　就像许多梁山好汉的故事一样,两个患难兄弟被生活逼得走投无路,最后只好落草为寇。县城里到处都张贴着画有两人肖像的通缉令,他们就逃到山上和一些有着同样命运的人当起了强盗。正所谓盗亦有道，杜伏威虽然是一个强盗，却是一个讲义气的强盗。他经常保护弟兄们，每次去打劫时，他总是冲在最前面，回来时又总是走在最后面，所以大伙们都非常敬服他，并把他推举为首领，也就是官方所称的强盗头子。

大业九年（613年）的时候，全国各地都爆发了反隋起义，杜伏威这个强盗中的佼佼者就带着部下们进入长白山，去投靠当时一支义军的首领左君行。没想到左君行为人傲慢，根本看不起他们，对他们这些外来人士也非常无礼。受到冷遇的杜伏威告诉弟兄们，大丈夫就应该轰轰烈烈地干大事，要做也要做一个有理想的强盗，于是他带着大伙愤然离去，又辗转到了到淮南一代，并自封为将军。

当时起义军虽然很多，但是各自占山为王，小而分散。许多农民起义后就沦落成了土匪，不久就会被官兵剿灭。杜伏威深知，五个手指只有捏成了拳头才能有更大的杀伤力，要想保全实力就必须壮大力量，这样才能和官府抗衡。于是他就派辅公祏去对下邳的起义首领苗海潮说："如今天下都受苦于隋炀帝的暴政，各地纷纷兴起大义之军，但是力量分散弱小，经常害怕被捕，何不大家合起来增强势力，这样一来就不怕隋军的袭击了。如果您能够当首领，我一定敬服您，如果您觉得您没有能力，那就可以来归顺我，要不然的话那就一战一决高下。"这叫"先礼后兵",最后那句"一战一决高下"着实把苗海潮吓了一跳,他赶紧带着所有人马来归附了杜伏威。

杜伏威的势力壮大后。江都留守派遣校尉宋颢率兵来剿匪,杜伏威和他大战了几个回合后,故意向北方逃跑,宋颢不知是计,还以为这匪首被武功高强的自己打怕了,于是得意洋洋地带领手下乘胜追击,才追出了几十步就陷在了沼泽中。杜伏威在沼泽丛中点起火,把宋颢全军一个不留地烧死了。

当年杜伏威吞并了苗海潮,现在又有个人想吞并他。海陵起义军的首领赵破阵听说杜伏威兵很少,因此就很看轻他,派出使者来向他招降。杜伏威让辅公祏带着人马在外面待命,他和十个人带着好酒去拜见赵破阵。毫无防备的赵破阵高兴地和他喝酒猜拳,茫然不知危险已经悄然临近。酒过三巡,赵破阵已经大醉。是时候了,杜伏威从怀中抽出一把小刀就在赵破阵身上猛刺,大哥死后,赵破阵的小弟们全都归顺了杜伏威。从此以后,杜伏威的势力越来越大了。

如此庞大的一支义军,继续发展下去一定会成为大患。隋炀帝亲自下令右翊卫大将军陈棱带八千精兵去讨伐杜伏威,陈棱早就听说了杜伏威的的威名,来到阵前却迟迟不敢出战。杜伏威就把女人的衣服扔给他,叫士兵们一起齐声大喊他"陈姥",以讽刺他像个女人一样贪生怕死。陈棱终于被激怒了,带领所有兵马冲上阵来。杜伏威也挥刀迎战,慌乱中被敌军一名部将射中了脑门,他顿时就被激怒了,狂啸了一声:"不把你杀了,我就永远也不把这支箭拔出来。"手下想过来给他包扎,但是哪里敌得过他的蛮力?他奋力一挣,就把冲上来的人甩出了好几丈外。这时候射中他的那个敌军副将吓坏了,拔腿就跑,杜伏威大叫着冲进敌营中,把他追到后喊他亲自把自己额头上的箭拔出来,然后一刀砍下了他的头,杜伏威提着他的头在敌军中拼杀,吓得敌军纷纷逃避。妈呀,这到底是个什么生物?脑袋上中了一箭跟没事儿似的。

陈棱军队溃败,杜伏威又乘胜追击,一口气打到了高邮县,带兵占据了历阳,把这一带方圆几十里内全部收归到自己的囊中。他自称为总管,让手下各个大将去分管属下的诸县,他的声威传开后,江淮一带的乱贼都争相跑来归附他。

他的妻子是瓦岗寨五虎将之一的单雄信的小侄女单云英,她早年父母双亡,之后混迹江湖时结识了大英雄杜伏威,两人互相爱慕结为秦晋。单云英是个女中豪杰,不仅善于谋略,还武功高强。她还多次带领义军出征,抵御朝廷的围剿。

杜伏威曾经选取不怕死的五千人建立一支敢死队,号称为"上募"，并对他们非常宠信，有福同享，有难同担。每次打仗，杜伏威就派出这支"上募"敢死大队上阵杀敌，仗打完后他就亲自检查他们，只要是背上中了弓箭的，便拖下去杀了；只要是因为退却而被攻击了的，就把他获得的所有财宝，全部拿来分给将士们；只要是战死的，就让他的妻子陪葬。这样一来，敢死队里面各个人都拼死杀敌，所向披靡。

靠着这支敢死队，杜伏威为自己抢夺了不少地盘。

后话：

乱世出英雄，如果不是生在那个动荡的年代，或许杜伏威一生都会是个小小的强盗。他杀伐决断，英勇过人，先是吞并其他起义军，壮大了自己的势力，后来又击退隋军的进攻，保留了实力，并成为三大义军之一的首领而青史留名。

八、河北之师

在江淮的杜伏威迅速崛起之时，河北也建立起了一支庞大的义军。

窦建德曾经是隋朝的一个小公务员，因为人品好，又有侠义精神，所以受到父老乡亲们的爱戴，被推举为里长。里者，乡里也，里长就相当于我们现在的村支书。他年轻时就"重然许，喜侠节"，有一次同乡人家中死了亲人，因为家

被低估的时代——隋朝治世

庭贫困而没有钱来办丧事,当时还在田间干农活的窦建德知道后,非常同情,就把自己家里的那头耕田的牛送给了老乡,让他把死者好好安葬。耕牛是犁田的主要工具,在小农社会里尤为重要,窦建德竟然把自己吃饭的家伙慷慨赠人,可见他胸怀之广。

有一天有几个强盗去"村支书"家中打劫,窦建德就站在门口,等他们全部进屋后他进去"关门打狗",先后打死了三个人,剩下的几个强盗跪在地上求饶,连喊"大侠饶命!"最后狼狈不堪地带着几个兄弟的尸体落荒而逃。从这里我们可以看出,窦建德的武功是不差的,讲义气,乐于助人,武功又高强,这些所有优点集中在一身,为日后那个农民起义军首领绘出了雏形。

后来窦建德和杜伏威一样因为触犯了法律而开始了亡命生涯,纵观古今多少英雄,十之八九都是有过犯罪前科的。等到隋炀帝即位时大赦天下、免税五年,窦建德才回到乡中。他在乡人中的声威并没有被时间抹去,老百姓们还是像以前那样喜欢他,逢年过节给他送点萝卜白菜来,他父亲去世后,来参加葬礼的就有一千多人,别人送的白包礼金他也坚决不收。

大业七年(611年),隋炀帝开始了第一次征伐高丽,窦建德应征入伍,并因为勇敢出众而被选为百人长。那一年

第四章 峰烟再起

山东爆发了洪涝灾害，窦建德的老乡孙安祖的房屋良田都被洪水摧毁了，妻子儿女后来也被活活饿死。县令看到孙安祖骁勇过人，是块杀敌的好材料，就想把他收进军中卖命。孙安祖却不领情，他向县令说自己家中穷困，上面还有二老等待侍奉，不愿意入伍。县令被惹怒了，就对他施加酷刑。孙安祖狗急跳墙把县令杀了，投靠了老乡窦建德，后来又被窦建德偷偷放走。山东在洪水肆虐后就爆发了大饥荒，被饿得无路可走的老百姓把树根都挖来吃了。窦建德看到这种状况非常感慨，就对孙安祖说："当年文帝在时，国家强盛，百姓富足，派一百多万人去讨伐辽东，尚且还被高丽打败了，现在洪水为灾，民不聊生，皇上不但不体恤民情，还穷兵黩武，御驾亲征。现在我们要是突然发兵，也可以动摇军队。丈夫死也要死得有价值，应该建立一番功业。我知道高鸡泊那边几百里的地方，蒲草丛生，我们可以从那里逃出去，然后聚集人马，等待时机，必将有大功于天下！"

两人依计而行，在高鸡泊举兵反隋，孙安祖自封为大将军，号称"摸羊公"。

当时还有另外的一支高士达建立的义军，这支义军到处烧杀抢掠，偏偏就是不去骚扰窦建德所在村子。县令就怀疑窦建德和这帮土匪是一伙的，于是下令杀了他全家。被灭门之后的窦建德更加坚定了造反的决心，后来他带着手下投靠了高士达,并被任命为司马。孙安祖被张金称杀害后。他的所有部下都归附了窦建德,窦建德对待士兵如同亲兄弟,他们也心甘情愿跟着这个大哥。

高士达的势力越来越大,到了大业十二年(616年),隋朝涿郡通守郭绚就带一万多兵去攻打他。窦建德身为司马,掌管着指挥大权,他就让高士达留下来守粮草,自己带领七千精兵前去迎敌。窦建德到了前线就骗郭绚说自己和高士达起了内讧,现在专门来投奔他。高士达也配合窦建德的表演,在军中到处宣讲窦建德背信弃义,投降了隋军。并找来一个女人冒充窦建德的妻子,当着隋军的面杀掉。后来郭绚竟然相信了窦建德,带领军队和他会师。窦建德趁郭绚放松警惕之时,突然发兵,打得敌军落花流水。杀敌几千人,俘获战马一千多匹,郭绚后来也被斩首示众。此战让窦建德在军中的声威大为提升,并逐渐盖过了高士达。

郭绚之后,朝廷又连续派了好几次军队来镇压义军,但是都被窦建德一一击退。后来高士达因为不听窦建德的建议,傲慢轻敌,被隋军将领杨义臣杀死。高士达死后,义军大挫,窦建德带领残部突围,到处招兵买马,自称将军,又使义军重新恢复了元气。最开始的时候,起义军一抓到隋朝官员和士人都一律杀掉。高士达死后,窦建德掌握了大权,他让士兵们优待隋官,因此各地的许多官员都来争相归附

第四章　峰烟再起

他，窦建德的军队很快就壮大了起来。大业十三年（617年），已经颇具实力的窦建德在乐寿称王。

窦建德建立夏国，冬至某日，乐寿天空突然出现五只大鸟，周围还有几万只小鸟依附。窦建德认为这是吉祥之兆，就改元为"五凤"。称王后又东征西讨，先后吞并易州、定州，后又攻占了冀州。

后来窦建德又率领十万大军谋取幽州，此战因为窦建德大意轻敌，错失了进攻的良机。两军对峙了一百多天，窦建德最后撤兵，这也是义军在河北的扩张中第一次受挫。

瓦岗军进攻东都之后，隋炀帝被逼急了，派出御卫大将军薛世雄带兵南下，并叫他一路上要是遇到盗贼，就随便诛剪。窦建德被殃及，薛世雄在占领七里井后率军急攻乐寿一带的义军。还在武强征粮的窦建德就假装撤兵，还说要逃回豆子航。薛世雄哈哈大笑，以为义军贪生怕死，弃城逃亡了，于是放松了警惕，大摇大摆地进驻到诸城中。窦建德在半夜率领敢死队，衔枚疾走，对隋军发动突袭，隋军大乱，还在睡梦中的将士们迷迷糊糊拿起刀就乱砍，把很多自己人都杀掉了。薛世雄败退，不久就病死了。

宇文化及杀了隋炀帝后，一路颠簸到了魏县，并建国称帝。窦建德就在宇文化及部下王薄的带领下杀进了城中。俘虏了宇文化及后责备了他杀君自立的罪状，然后将他斩首。

每次打了胜仗所缴获的财物珍宝，窦建德全部都拿来分给将士们，自己一件也不要。他生活非常简朴，虽为一军魁首，却粗茶淡饭，很少有大鱼大肉，他的妻子也只有十几个奴婢。攻克聊城后俘虏了一千多名姿色美丽的宫女，窦建德却不为所动，下令将其全部放还。

窦建德德才兼备，带领着起义军在河北迅速崛起。

后话：

窦建德为人宽厚慷慨，讲信用，重侠义，也因此后来能够服众，取代高士达而成为义军领袖。他对隋官采取怀柔政策，以德服人，许多隋官都来奔赴他。这支河北之师在他的带领下，雄霸一方。

九、乱世奸雄

在农民起义兴起的同时，也有许多官僚趁乱割据，成为一方军阀。

王世充，字行满，西域胡人的后裔。本姓支，因为随母亲改嫁才从姓王。他从小就喜欢研究一些兵法和龟策、推举之术，后来隋末天下大乱，其所学，也得到了所用。

文帝在位时他因军功被封为仪同三司，后又转为兵部员外郎。他口才非常好，善于随机应变，当时很多官员明明知

第四章 峰烟再起

道他是狡辩,可是又说不过他,只有无可奈何地叹气。杨广即位后,怕自己杀父的恶名传扬出去,于是就打算杀唠嗑把隋文帝唠死了的张衡灭口。但是张衡这个大臣十分听话,什么事都顺着杨广的心意来,他也没有进谏的癖好,杨广再怎么昏庸残暴,他都不闻不问,像蒙娜丽莎一样一年四季都摆着一副笑脸。

杨广实在找不到一个正当的理由来杀他,算了,就打发他去监督营建江都宫室,眼不见为净。善于揣测人心的王世充看出了隋炀帝的小心思,他就捏造了几个莫须有的罪名,说张衡在江都监工不严,江都宫室可能是个豆腐渣工程。这一举报正合杨广之意,杨广立刻下令将张衡逮捕,然后大赏王世充。

杨广让王世充取代张衡来监督江都宫室的营建,王世充为了讨好圣上,把江都宫室修得富丽堂皇,宛如天阙,他也因为自己善于奉承而日渐得宠。

第二次进攻高丽时,中途爆发了杨玄感起义。隋炀帝早已丧失人心,杨玄感振臂一呼,许多人都起来响应造反,其中就有余杭的刘元进。隋炀帝派王世充去镇压刘元进的义军,他经过淮南时又征募了几万新兵,这几万将士后来就成了他的铁杆军队,并帮着他割据一方。

刘元进被打败后,王世充为了收服残余势力,就在一个黄道吉日焚香立誓，许诺如果谁投降绝对不会杀他，刘元进的残部信以为真，就纷纷跑来投降，没想到王世充卑鄙无耻，他把所有降军三万多人全部推进坑里残杀了。此役之后，隋炀帝更加重用王世充，让他到处去镇压义军。王世充诡计多端，用兵又狡诈，他迅速扑灭了山东孟让和河间郡格谦的起义军。因平叛有功，他也被晋升为江都通守。

王世充刚升为江都通守，就遇到瓦岗军急攻洛阳，职责所在，隋炀帝让他带军去解洛阳之围。王世充在洛口和瓦岗军对峙了不久后就首挫敌军，杀死了李密的得力大将柴孝和。李密失将心痛，调集军队全力进攻王世充在黑石的大本营。王世充被李密一路追杀，差点葬身沙场。好在当时洛阳的主帅越王杨侗才十几岁，没有治他的罪，继续让他守卫洛阳。

从那一战之后，李密又来攻了几次洛阳，每一次都把王世充打得落花流水。回回挨打的王世充后来干脆不干了，他写了一封辞职信给越王。说这仗我不打了，大王你要治我罪的话就请随便治吧。越王就派他的哥哥来劝他，送给他金银珠宝和美女，王世充心动了，这才又回到洛阳。

回到洛阳后，那个烦人的李密又来了。王世充又接着被他打，打了就逃回来关闭城门自守。

大业十四年（618年），隋炀帝在江都被宇文化及杀死。

第四章 峰烟再起

王世充等人商议后，拥立还是未成年人的越王杨侗为帝，年号皇泰，历史上称为皇泰主。王世充被封为郑国公，和段达、元文都等被当时的人并称为"七贵"。

当时全国各地插满义旗，大隋江山四分五裂，洛阳早已成为国中孤岛。瓦岗军和宇文化及都想来争夺象征着皇权的洛阳，还没进军，他们两股势力就已经先互相打起来了。然而等他们打完了，不管谁输谁赢，洛阳可就要受苦了。元文都就建议招安瓦岗寨的李密，借李密来保卫洛阳。这个建议甫一提出就激起了王世充的强烈反感，自己经常被李密打，现在却要和他同朝为官，这怎么可能？李密被招安后，朝廷大摆筵席庆祝，王世充却不满地说："只听说过奖赏有功之臣的，没听过还要为叛贼庆功的。李密这反贼头子竟然还能被授予官爵。"元文都听到后大怒，想要杀了王世充。

对此不满的不止王世充一个人，那些曾经与李密的军队厮杀的将士们也不满。你杀了我们的兄弟，现在还要来当我们的上司，这事儿搁谁身上谁也不会愿意的。将士们和王世充意见统一，一起发动了政变。元文都没有杀成王世充，反而被全家灭门。

王世充正式掌握了洛阳大权后，李密又来了。洛阳被围攻数月，已快弹尽粮绝了。城中物价飞涨，卖了房子还不够吃一顿的。京都眼看就要失守，王世充决定和李密决一死战。但是肚子饿得呱呱叫的将士们早已丧失了战斗的信心，士气萎靡不振。王世充为了鼓舞士气，就编造了一个谎言。说洛阳城是周公所建，周公好几次托梦给张永通说要保护我们，周公他还转告我们，只要是奋力杀敌的人，就会得到他的庇护，要是胆小怕战，就会受到惩罚染上瘟疫。王世充重修了周公庙，还让人在所有的军旗上写下了"永通"二字。

笃信神灵的士兵们打起仗来都像吃了兴奋剂似的，这一战，王世充侥幸获胜。

李密被打跑后，洛阳幸存了下来。许多人都劝王世充称帝，然后又把一些再正常不过的自然现象穿凿附会成什么天意征兆。其实王世充也早有篡位之意，他先是向傀儡皇帝杨侗请求加九锡，九锡是天子规格的车、马、弓、矢等物品。王世充明目张胆地要求加九锡，就等于在暗示杨侗该让位了。

加了九锡之后，王世充就派手下去劝杨侗让位，当初那个小屁孩皇帝现在已经长大了，杨侗怒气冲冲地大骂大臣们没良心，说："我们大隋没有亏待过你们，你们现在却忘恩负义！你们想当皇帝就自己当，何必要打着'禅让'的幌子？"尽管杨侗不愿意，但还是把皇位"禅让"给王世充了。

当年北周静帝让位于杨坚，是为隋文帝，励精图治，统一天下。杨氏子孙也重复了同样的命运，两世而亡之后，把皇位禅让给了王世充。王世充最开始登基时还是力求做一个好皇帝，为此专门设置了两个机构，负责接待访民和听取建议。出巡时也轻车简从，表现出一副亲民的风度。但是到后来，王世充也慢慢堕落成了一个酒色之君。

后话：

皇泰主让位王世充，杨氏手中的政权终结，这标志着那个曾经盛极一时大隋正式灭亡了。王世充阴险狡诈，既无厚德，又无雄才，所以这也注定了他不能像隋文帝那样让四分五裂的天下重归统一，定国安邦。

十、异军突起

在隋末农民起义中势力最大的是大名鼎鼎的瓦岗军，它也是被许多人所熟悉的一支起义军，在后世的文学创作中，它成为隋唐风云中被描述得最多的一个篇章。

瓦岗五虎将至今还被人们津津乐道，经常被画成门神，赋予它惩恶扬善的含义。

瓦岗寨的缔造者是翟让，他曾经担任过东郡法曹，本是公门中人，但是因为得罪上司而被抓进了监狱。在当时苛刻的法律框架下他和很多无辜的人一样，应该被处死。就在他即将被押赴刑场的时候,狱吏黄君汉问:"我看你翟兄也是好汉一条,怎么就能这样白白等死呢?"翟让无奈苦笑:"我现在就像猪圈里的一头猪,是死是活全凭你一句话。"黄君汉欣赏他的直率,觉得此人武功高强,将来一定可以救民于水火之中,于是就私自解开了他的枷锁。翟让跪在地上哭道:"黄大哥在牢中对我这么好,已是大恩大德了,我怎么还能连累你?"黄君汉大怒道:"我看你是条好汉,为了黎民百姓才救你的。你以后成就一番事业就算是报答我了,趁现在官兵还没有来,你赶紧离开,别再婆婆妈妈的了!"黄君汉果然没有看错人,日后的翟让创建了全国最大的起义军。

大业七年(611年)是兵荒马乱之年,这一年全国最流行的不是养生药膳,也不是新式发型,而是起义。隋炀帝把军队全部都带去打高丽了,被压抑已久的老百姓就趁此揭竿而起。革命无罪,造反有理。起义者今天攻一个山头,明天又占一个郡县,隋朝一夜之间冒出了无数个土皇帝。

这时候,死里逃生的翟让和老乡徐世勣、单雄信等人就在瓦岗起兵。虽然是业余军人,但是这支义军却做得有板有眼的,军职品衔,应有尽有。翟让拜贾雄为军师,邴元真为书记,徐世勣和单雄信为领兵将校。军中汇集了来自四面八方的人,工匠、猎人、屠夫、渔父,什么行业的都有。瓦岗

第四章 峰烟再起

军最初主要在东郡一带和官兵们打游击战，没钱用了就去打劫乡里。后来徐世勣建议："要是再继续抢劫小老百姓，我们就成了不义之师了，那跟土匪又什么区别？大运河流经郑、宋一带，我们要是在那里伏击，抢夺来往商船，一定可以获得无数财物。不出多久，我们就可以称霸一方了。"于是瓦岗军分兵西上，来到郑、宋的河运港口，抢劫一些来往商队，不久就发展到了一万多人。

大业十年（614年）的时候，瓦岗军又攻占了郑州、商丘等地，控制了从开封到浚县的广大地盘。

瓦岗军的崛起让朝廷觳觫不安，隋炀帝马上派河南道张须陀来攻打瓦岗寨。张须陀手下有秦叔宝、罗士信等悍将，平定了王薄、孙宣雅、郝孝德等起义大军，杀敌无数，被杨广封为讨捕大使，成为了当时的剿匪司令。

剿匪司令果然名不虚传，号称"头号名将""威振东夏"的张须陀带领政府军和翟让大战了几十回合，打得瓦岗军节节败退，最后退居到了郑、宋一带。

正在瓦岗军经受大挫、士气萎靡的时候，上天送给了他们一员得力大将。当时杨玄感造反失败后，军师李密被捕，在押运途中逃了出来。这一逃就逃到了瓦岗寨，翟让非常欣赏他的智谋，就让他做起了他的老本行，担任瓦岗寨的军师。李密不负众望，凭借一条三寸不烂之舌劝说了很多起义军来归附瓦岗。瓦岗兼收并蓄，势力大为提升。

后来瓦岗军在李密的建议下去攻打荥阳，荥阳太守赶紧叫来张须陀助阵。上次瓦岗军被张须陀打得连败三十几次，翟让至今还心有余悸，就不敢发兵。李密却说张须陀有勇无谋，叫翟让不必害怕，一切反动派都是纸老虎。翟让就勉强壮着胆子去和张须陀交战，结果又重复了上一次的情节，被打得不断后退。

这时候李密突然带着伏兵从半路冲杀了出来，和翟让的军队形成一个合围之势，张须陀军队就在瓦岗军的包围中被打得丢盔弃甲。张须陀连续逃了四次出来，但是看到手下正在被义军围殴，心中不忍，于是又勒马回折，杀了一阵后终于扛不住了，双腿在马腹上奋力一夹，逃出重围。他在不远处看着自己的王牌军队被杀得血流成河，鼻子一酸，大叹："事已至此，末将已经无脸再见皇上了！"就从马背上跳了下来，再次冲进战场，结果可想而知，张须陀最后被乱刀砍死。

其实张须陀也算是个好汉，可惜食君禄、担君忧，皇命在身，最后不得不与义军兵戎相见。他要是出身在草莽，翟让或许还要和他喝上几杯，叫一声大哥。他死后，手下们哭了好几天。翟让攻下荥阳后，便占据了当地的多个粮仓。打败了剿匪司令的瓦岗军也一夜之间名扬天下，许多英雄好汉都纷纷来投靠。

大业十三年（617年）二月，瓦岗军攻下兴洛仓后，打开粮仓济贫。分到粮食的农民们箪食壶浆，对瓦岗军夹道欢迎。由于瓦岗军劫富济贫，在老百姓心目中的形象大好，许多人都来加入这支军队。"瓦岗"二字成为朝廷之痛，于是越王杨侗派出虎贲郎将刘长恭来拔出这颗坏牙。刘长恭带领二万五千大军直逼瓦岗寨，但是早在他到达之前翟让就已经获知了军情，提前部署好了防御工事，只等隋军来入彀。

刘长恭看到瓦岗军人数不多，心中颇为得意：还以为是怎样一支雄师呢，原来不过区区一个土匪窝而已。隋军长途跋涉，已经有些疲软，瓦岗军等它一到，立马发起进攻，一鼓作气歼灭了敌军主力，刘长恭被这个小土匪窝打得仓皇逃回洛阳。

不久，瓦岗军主动出击，一直打到了东都洛阳附近。凡行军打仗第一要务就是抢粮，粮者，兵之大事，不可不察也。瓦岗军在洛阳城郊驻守下来后，就去回洛仓抢粮。洛阳的粮草来源被切断，就如同喉咙被人家扼住了一样，只有慢慢等死。

九月，瓦岗军又攻占了黎阳仓，开仓济贫。瓦岗军如日中天,已经成为全国各大义军之首,控制了中原一带,独霸一方,分割天下。

后话:

翟让脱身狱中,可谓死里逃生。后来又得良将相助,终于促成了现在的瓦岗大业。瓦岗军很会团结黎民百姓,几次开仓济贫,让自己从土匪上升为仁义之师。仁者,无敌也。

第五章　折戟沉沙

一、中途易辙

根据历史的发展规律，瓦岗军到了这里，似乎已经笃定了要成为那个天下大乱之后出来默默收场的人，而在许多将士们的心中，翟让也毫无疑问地就是那个明日之君。

可是事情的发展往往出人意料，就在瓦岗军如日中天的时候，一个小插曲发生了。

汴河边，几个童子在戏水打闹，口中稚气地唱着："桃李子，皇后绕扬州，宛转花园里，勿浪语，谁道许！"

这一日的瓦岗寨大堂内格外安静，徐世勣、王伯当等等几个军中元首都坐在翟让的内寝里，门窗关得严严实实，外面还有侍卫把守。

徐世勣脸色沉重地对翟让道："大哥你可曾知道近日各地风传着一首童谣？"

翟让点头："这个我倒听城外稚子们唱过，怎么？其中有什么隐义吗?"

"'桃'者,逃也,这'桃李子'说的就是逃亡的是一个李姓之人,'皇后绕扬州',炀帝和皇后到江都避难,扬州就是江都的别称。'宛转花园里',炀帝后来被宇文化及所杀,葬身在江南花柳繁华之地。'勿浪语,谁道许',不能讲出来,'密'也!整首歌谣暗号解出来就是'李密'啊!"徐世勣脸色惶恐,"这句谶语难道是天意?"

翟让脸上由惊到惧,又由惧到静:"李军师智谋过人,我瓦岗如今得以如此炽盛,也全赖他一人之力,当年要不是蒙他相助,你我今日恐怕早已葬身黄土。如果天意真是如此,我也无话可说,自该以效尧舜大义,退位让贤。"

王伯当终于开口了:"我们当年在瓦岗扯旗造反,南征北战,以死相拼,牺牲了多少弟兄,失去了多少亲人,好不容易才建立起来的宏伟大业,难道就要这样拱手送给一个半路冒出来的李密?"

翟让说:"当日我深陷囹圄,本来是马上要做山野亡魂的,幸好黄公仗义相救,我才捡回来一命。黄公寄望我死里逃生之后做出一番事业,解救黎民百姓。现在我们杀富济贫,对抗朝廷,已经实现了这个愿望。至于谁来当这个首领,那都无所谓的。"

此语一出,室内哗然,大伙议论纷纷,都不同意让位。

翟让见众人欲言,又说:"李密才德皆在我之上,让他来当首领,才能完成推翻隋室,安定天下的大任,尔等无需再言!"翟让这句话只是为了服众而故意拔高李密,其实李密才智虽然出众,但是急功近利,论品德远远比不上翟让。

大哥决意如此,众人也就不再争论了。

几日后,"顺应天道"的翟让召集所有将士,当众把李密历次智勇破敌的功劳赞誉了一番,然后推举他为首领,尊号为"魏公",自己则退而担任司徒。

但是军中很多翟让的铁杆追随者却不这样想,翟让的哥哥翟弘和好朋友王儒信就劝他担任大冢宰,管理所有事务,然后再趁机把大权夺回来。翟让宽厚豁达,没有听取他们的建议。翟弘就说:"兄弟你真是迂腐之极,好好的地位你不要。要是你不当天子,我就自己当了哦。"翟让听后哈哈大笑,还以为是哥哥的戏言。

这句话翟让本没有放在心上,却传到了李密的耳中。李密小肚鸡肠,一听到这句话,顿时火冒三丈,把拳头捏得咯咯发响。

后来李密邀请翟让去他那里喝酒,李密说:"今日大家聚在一起你只管开怀畅饮,把俗务全部抛在脑后,让随从的弟兄们也一起快乐吧。"毫无心机的翟让想也没想就把手下屏退了,可是他忘了,世界上有一种不怀好意的邀请叫做

"鸿门宴"。

随从们最开始不愿意听命，李密就小声对他们说："司徒翟让贪污枉法、欺上媚下，如今我要为民除害，我只杀他一个人，你们最好不要多管，识时务者为俊杰，否则连你们也一起杀了！"众人听后惊起一身冷汗，都纷纷退下了。

喝酒喝到一半，李密拿来一把弓给翟让看，并说："上次有个人献了一把宝弓给我，据说三五壮汉合力都不能把它拉开，司徒大人武艺高强，你想不想试一下。"翟让天真地道："哦？魏公不妨拿出来让我一试身手。"浑然不知危险已经临近。李密趁翟让试弓之时，突然从背后给了他一刀，翟让不多时就殒命了。

李密杀了翟让后又吩咐手下把翟弘、王儒信等等翟让的心腹杀得一干二净。翟让死于非命，军中人心动摇。李密为了安抚人心，就打出亲情牌，把徐世勣叫到自己帐中，亲自为他包扎伤口，来博取他的信任。后来又让徐世勣、单雄信和王伯当等人统领翟让的旧部。

也许真的就像那首童谣里唱的，天道让李密成为将来天下的主人。李密掌握了瓦岗大权之后，带领着义军连战连捷，呈现出一取天下之势。

在当时流传着一个关于李密出生的传说，话说白杨乡有一栗丰村，村上有座一凤凰山，李密便出生在这座凤凰

第五章　折戟沉沙

山下。

那一夜一条金龙飞进了寺院，缠在了大雄宝殿的玉柱上，它托梦给方丈大师，告诉他隋炀帝昏庸无道，弑父杀兄，淫母奸嫂，明天将会有一个真命天子出生，将来解民倒悬，重整社稷。

第二天方丈醒来时想起昨晚的那一幕，赶紧吩咐弟子们洒扫寺院，摆上供奉，然后披上袈裟准备迎接贵人诞生。可是等了一天也不见那贵人，莫非是被那条神龙放了鸽子？方丈正在猜度时，一个衣衫褴褛如同乞丐的妇人走了进来。细问下才知原来她还真的是一个乞丐，因为丈夫战死，她就靠偶尔讨讨饭过日子。丐帮在宋朝才出现，所以那时还没有职业的讨饭人。方丈懂了，这个女人是来要饭吃的。出家人慈悲为怀，于是他就让弟子把她接入内院中歇息，什么佛门禁地不容女眷入内之类的说法都是浮云。

神龙言而有信，当天晚上那个寺院里传出一声婴儿的啼哭，妇人诞下一子。方丈给他取名"李密"，后来又将毕生武学全部传授给他。

李密后来坐镇瓦岗寨，成为一方霸王。

后话：

翟让人如其名，本着宽厚谦逊，将大权无私地奉送给半路出家的李密，可是最后却被李密残忍杀害。从前如同手足的好兄弟，最后却为了名利兵戈相见、自相残杀，这一幕在历史上演了一回又一回，却依然有人前仆后继地重蹈覆辙。有人说，他是死于一个阴谋，一个关于权力的阴谋。

二、劝父起兵

当年方士安伽陀对隋炀帝杨广说"当有李姓人为天子"，迷信的杨广因此大力屠杀李姓大臣，幸亏他还没有到丧心病狂的地步，不然的话也不会有后来的大唐了。

话说天下第一岳父的独孤信的四女儿嫁给了西魏八大柱国的儿子李昞，后来生下四子一女。最后一个儿子李渊出生那天"紫气冲庭，神光照室"，这个情况和隋文帝杨坚颇为相像。李渊还在七岁的时候就被北周皇帝封为唐国公，后来历任御史大夫、安州总管、柱国大将军等职。隋炀帝上台后，李渊被任命为荥阳和娄烦二郡的地方长官，后来又升为卫尉少卿，掌管军器仪仗和帐幕之类。

大业十三年（617年），李渊被拜为太原太守，这时全国各地的农民起义已经达到了高潮。

李渊的二儿子李世民在几个儿子中最为出众，他身上集合了大度、聪明、果断、勇敢等等优点。当时隋朝已经出现败象，小小年纪的他就有了安抚社稷的雄心。或许是历史的巧合，也或许是李渊有意为之，他的名字本身就包含了"济世安民"的含义。李世民和古代的许多贤主一样，重义轻利，喜好结交宾客。他的这个性格也为他日后的宏伟大计招揽了不少得力助手，使理想变得越来越近。

那一天，城上烽烟如举。晋阳宫监裴寂看到后就对好朋友刘文静叹气道："唉……如今天下又要开始动荡了，像你我这样贫贱之人，无权无势，又躬逢乱世，要怎样才能保全自己呀？"

刘文静笑道："天下大势，又岂是你我能够改变的？动乱之后，自然会有一个英雄出来收拾河山的。我们何必操那份心？我们相互信任，不去管世事变化，活得自在就是了。"

而那个出来收拾河山的大英雄就远在天边，近在眼前。

李世民容貌英伟、气度不凡，刘文静看到他第一眼就觉得此人定非凡鸟，他私下里对裴寂说："唐国公的二儿子非同一般，他虽然年纪尚小，却有汉高祖刘邦的豁达和魏武帝曹操那样的神武，是一个难得的人才。"

后来瓦岗寨的李密和刘文静结成了亲家，刘文静也因此被扣上了一个"私通叛贼"的帽子，被隋炀帝囚禁在太原的监狱里。这天李世民悄悄来到关押刘文静的大牢前，问他："眼下义军风起云涌，天下局势已经改变。你对此有什么看法？"

刘文静大喜道："天下大乱，非有商汤、周武、高祖、

被低估的时代——隋朝治世

光武之才不能平定！"

李世民说："你怎么知道没有这样的人呢？只怕是凡人看不出罢了。我今日到狱中看您，并非出乎儿女私情。时局如此，所以前来与君共商大计。请试谈一下您的看法。"

刘文静说："现在炀帝偏安江都，李密又围攻洛阳，各地义军林立，大隋如同一盘散沙，这时要是有人能出来统领各方英雄，夺取天下将易如反掌。"此语和李世民的想法不谋而合，他连连点头。刘文静又接着说："我在太原当了好几年的县令，知道城中豪杰如云，要是全部聚集起来，恐怕有十万人之多。你要是能够把他们纳在麾下，唯自己马首是瞻，再加上你父亲的几万兵马，君言出口，谁敢不从？趁虚入关，然后再削弱军阀，吞并义军，要不了半年时间就可以实现霸业了。"李世民心中被撩得汹涌澎湃，又和刘文静洋洋洒洒谈起自己的观点。两个人一起描绘未来的美好蓝图，一直聊到深夜李世民才带着满腔难以平息的兴奋离去。

计划虽然激动人心，但是李世民又担心会遭到为人中和沉稳的父亲反对，他就先去找裴寂帮忙。为了拉拢裴寂，他利用其贪财的弱点，叫龙山令高斌廉去和他赌博，并经常故意输钱给他。裴寂连连赢钱，还以为自己真是赌神了，天天都跑到李世民府上来。李世民和裴寂培养了一段时间的感情后，就把自己的计划水到渠成地告诉了他。

第五章 折戟沉沙

裴寂想出一条妙计，找来几个宫女献给了李渊。

似乎是上天有意，这时发生的一件事情给了李世民一个绝佳的时机。突厥进犯马邑，李渊派王仁恭和高君雅去抵御，后来兵败了。现在李渊正在担心会被治罪，眉头紧锁，左右为难。

李世民就趁机屏退了左右，对李渊说："当今主上无道，民不聊生。盗贼蜂起，晋阳城以外都是战场。父亲你虽然想要留守小节，但是起义军已经形成大势，照这样下去隋朝等不了多久就会灭亡了。你还不如顺应民心，趁此起兵。这是上天恩赐的绝好机会啊。"

李渊听后如被雷击，颤抖着说："你这个逆子口出狂言，目无法纪！我们都是大隋的臣子，君为臣纲，做臣子又怎么能起异心呢？你再这样下去，别怪为父大义灭亲，向皇上告发。"

李世民走进了一步，又继续斩钉截铁地说："现在大势所趋，我是留心世事才这样说的，你不也认为杨广是个昏君吗？你要是想告发，现在就可以抓我，我甘愿受死！但是你兵败突厥，又加上僭用宫女的罪名，说不定一朝铁镣加身，你就身败名裂了，而如果起兵的话，还可以一博天下。"

李渊的怒气稍稍降了下来："民儿啊，为父怎么忍心告发你呢？只是怕你背负乱臣贼子的千古臭名啊！你自己下去多想想。"李世民也没有再继续多言,回到了自己的房中。

那一夜也许是李渊有生以来感觉最漫长的一夜,他在床上翻来覆去想着白日里李世民的那一席话,心中两个念头在打架,他也不知道最后哪一个念头会胜利。

翌日,李世民又来了。他振振有词地说:"现在义军越来越多,遍布天下各地,朝廷派你去讨伐,今天杀了一拨,明天又冒出来另一拨。反正都杀不完,你最后还是要获罪。就连安伽陀也对杨广说'当有李姓人为天子',这是天意啊。"

李渊深深叹了一口气,说道:"昨夜我也在思考你的话,你说的不无道理。好吧,我就听你的。现在身败名裂抑或是重整社稷就看你的了。"

裴寂邀请李渊到自己府上喝酒,待到两人都已微醺时,他问起李渊:"二公子其实早就有做大事业的想法,他托我劝你,我被逼无奈出此下策,向你献了几个宫女,以此促成你起兵的决心。现在大家都已经商量好了,你怎么想的呢?"

李渊最后吐露真言,说:"事已至此,只有走一步算一步了,一切听他的。"

大业十三年(617年)五月,李渊在太原竖起义旗,正式起兵反隋。

后话：

自杨广避幸江都之后，天下大乱，这时隋朝已经是强弩之末了。自古英雄出少年，李世民虽然尚且年幼，但是远见卓识已在众人之上。他对局势非常清醒，并巧用奇计说服了父亲起兵反隋。李渊的妥协，让他的宏图大业正式开始了。

三、李渊称帝

那日李渊被李世民说服之后，就开始暗中部署起义。

太原到处都在招兵买马，此时正当用人之际，刘文静就从狱中被放了出来。河南有瓦岗寨，河北有窦建德，江淮有杜伏威，洛阳又有王世充，李世民深知，凭自己现在的实力，要是贸然出兵，一定会立马被各路势力瓦解。要想迅速崛起就必须找个帮手来壮大自己的声势，于是他想到漠北的突厥。

李世民找到刘文静，对他说："当下晋阳力量单薄，欲图大业，则必需外援。"

聪明的刘文静一点就通，他马上向李世民跪下一拜，说："卑臣戴罪之身，承蒙二公子不弃，幸免于牢狱，已是如同再生。臣定当结草衔环，万死不辞，请二公子尽管差使。"

李世民赶忙把他扶起，说："突厥盘踞北方，当年文帝英明神武，出兵安抚，后又下嫁义成公主于启民可汗，是以保得了北疆几十年太平。及自始毕可汗即位，对大隋开始疏离。雁门遇险，炀帝也险些葬身塞北。启民可汗早有叛逆之心，我们可以借此拉拢。要是能争取到突厥铁骑的襄助，则势必声威大壮。你素有辩才，能够随机应变，这个大任非你莫属！"

刘文静听命，带着李世民亲手书信星夜兼程，来到突厥大营。启民可汗知晓他的来意之后，心中犹豫不决：虽然当年大隋辱我突厥，我也早想报一箭之仇帮你揍那傲慢的隋朝皇帝，但是死的是我突厥将士，最后得天下的却是你李家，这笔生意实在不划算。刘文静见他面有难色，又继续说道："我愿意和你们突厥兵马一起去京城，胜利之后，土地和百姓都归我们，城中无数金银财宝你们随便拿。大隋富甲天下，那皇宫中的珍玩宝贝可是堆得比山还高！"大隋之富，尽人皆知，可汗一听说有宝贝，早先心中的犹疑顿时烟消云散，于是答应了出兵相助。

帮手找到后，李世民又开始组建自己的王牌军队。杜伏威每次行军打仗都以"上募"当前锋，无不所向披靡，从后来李世民说的那句"夫以铜为镜，可以正衣冠；以古为镜，可以知兴替；以人为镜，可以明得失"可以看出，李世民这个人是很会吸取历史经验的，所以到处结纳有识之士的同时,他也在打造一支和杜伏威一样的"敢死小分队"。很多看破红尘正在准备跳河弃生的人,恐怕怎么也不会想到后来竟然成了大唐的开国功臣。太原附近那些武功高强的、谙熟兵法的,还有不怕死的人,都纷纷聚在了李世民的军中。

现在万事俱备,只欠东风了。东风就是民怨,李世民派刘文静伪造隋炀帝的敕命,说皇上要征调太原、河西、雁门、马邑等郡县二十岁以上、五十岁以下的人都去服兵役,打算在年底集结在涿郡,去攻打高丽。隋炀帝这一次实在冤枉,他现在还在江都和美人们参加宫廷舞会,尽一个败家子的义务,享受纸醉金迷呢,哪里还有闲心下诏?

服兵役那是官方的说法,民间都称为"抓壮丁"。现在隋炀帝又要抓壮丁了,而且还要在年终去打仗。老百姓一听到这个消息马上沸腾了,谁也不想在举家团圆共享天伦之乐时,打仗跨年。这时候李世民就按照先前写好的剧本顺理成章地出现了,炀帝无道,人人得而诛之,你们就跟着我混吧,我带你们过年。于是大家都争相拥护起义。

帮手有了,大将有了,军队有了,民怨也有了,就等李渊一声令下了。刘文静为了催促李渊,就对裴寂说:"你难道就没有听说过'先发制人,后发制于人'吗?唐国公顺应图谶,那是天下尽人皆知的。为什么还要再拖延时间?你们是想一直等到灾祸降临吗?你快点去劝说唐国公即刻起义吧。"刘文静为了逼他竭尽全力劝说李渊，又补了一句："况且你身为宫监，曾经私自把宫女献给唐国公，本已犯下死罪，死而无憾，但是何必又连累唐国公和你一起死呢？"裴寂听后惊恐万状，就天天催李渊起兵。

李渊终于答应了，并在刘文静的建议下改旗易帜以彰显义举。刘文静被任命为大司马，迫不及待地带领军队在潼关与隋将屈突通的部下桑显打了起来，那场战役非常激烈，才半天就战死了一千多人。刘文静趁隋军高傲轻敌之时，又偷偷派兵偷袭，隋军大败。潼关守将屈突通带领着几万人又逃向东都洛阳，刘文静一路穷追不舍，虽然兵家常说"穷寇莫追"，但是这一次刘文静却大胜，并且擒获了屈突通。新安县以西全部被占领，李渊趁机直取关中，十一月围攻长安。

李渊对在长安作困兽之斗的隋军进行劝降，劝降失败后开始攻城，仅用了十三天就成功了。他在城中下令："不得侵犯隋帝七庙及京师留守、代王杨侑以下的隋朝宗室，违反者夷三族。"

如果是别人，这时候也许就该称帝了，但是延续了中庸保守性格的李渊却选择立炀帝之孙杨侑为天子，也就是历史上的隋恭帝。宇文化及立杨浩为帝，元文都立杨侗为帝，这时候傀儡皇帝已经够多了，李渊又立了一个13岁的隋恭帝。天下就这么大点，皇帝多了怎么够分呢？李渊思来想去还是决定拒绝盗版，让李家来掌管天下，于是就在次年五月自立为帝，改国号为唐，并定都长安。

据《隋唐嘉话》记载，当初隋文帝决意大动干戈迁都大兴，其实还得从一个梦说起。话说某夜隋文帝杨坚梦到滔天洪水袭来，淹没了整个都城。为了破解这个不祥之梦，隋文帝便起了迁都的心思。但是他千算万算都没有算到，梦中的洪水，指的却是唐国公李渊的"渊"字。所以后来有占梦家解说认为：李渊灭了隋朝，文帝之梦以此为解。

大唐建立后，刘文静自以为功不可没，于是又上演了"贺若弼、韩擒虎二将争功"这一幕。他看不惯裴寂地位比他高，每次议论朝政时都和他抬杠，两个昔日的挚友于是越来越疏远了。有一次刘文静在弟弟家参加宴会，酒醉后拔刀猛砍柱子，还口出狂言："我一定要杀了裴寂！"后来刘文静自称在家中看到了妖怪，就叫巫师来做法驱邪。他的小妾把此事告诉了兄长，她兄长就告刘文静想要谋反。李渊知道后大怒，把刘文静抓了起来。李世民想要保全他，裴寂又对李渊说："刘文静确实才智过人，但是他生性猜忌阴险，现在天下未定，外有劲敌，今日要是赦免了他，必将遗祸无穷。"于是李渊下令将他处死，他临刑前拍着胸口长叹："'高鸟尽，良弓藏。'果非虚言！"然后怆然领死。

 被低估的时代——隋朝治世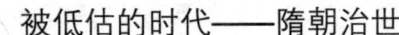

后话：

在父亲同意后，李世民并没有贸然行动发兵，而是暗中招兵买马，积蓄力量，先是集结英豪，后又联合突厥。这样的厚积薄发，当然让起义一发起便势不可挡，迅速攻陷了长安。李渊称帝，标志着历史上的唐王朝正式诞生。

四、攻陷洛阳

李渊称帝后，和汉承秦制一样因袭隋朝的旧制，重新建立起国家机器。他设定中央和地方行政制度，修定律令格式，废除了隋炀帝以后灭绝人性的严刑峻法。并颁布均田制和租庸调制，重新建立起被破坏的府兵制。而府兵制的特点就是"兵农合一"，战士平时和老百姓一样耕田种地，在农闲时间就自备武器和马匹进行操练，要打仗的时候再集结成军队，奔赴前线杀敌。

府兵制和租庸调制都在一定程度上提高了劳动生产率，恢复了大战之后的社会秩序。

李渊果然是高干子弟出身，他对一个政权的运行有着清醒的认识。其他的农民起义军要么占山为王建几个寨子，要么流窜作案变成土匪，实行的都是流寇那一套，而李渊作为一个有知识的上层人士，割据地盘后想到的却是重修制度，恢复元气。

第五章 折戟沉沙

元气恢复后,就该实行宏伟大业的下一步了。此时各地军阀割据,李密和王世充打来打去,所以全国只有洛阳的防御最为薄弱。李渊在拔除了西北的豪强,稳定了大后方之后,派出李世民直取洛阳。

李世民虽然不善谋兵,但是善于借助后天的人脉。他在太原时就喜欢结交江湖朋友,大唐建立后,他又去挖瓦岗寨的墙角。他宽怀大度,比那个阴险多疑的李密靠谱多了,所以秦叔宝、程咬金、尉迟恭等瓦岗五虎将都来投靠他。

洛阳天生就是当围城的料,被李密打了后又被李世民打。唐军在洛阳围攻了半年,日日打,夜夜打,把王世充打得欲哭无泪。不过王世充是一个有耐心的人,不管谁来打,打多久,他都坚定到底誓不投降。他在城里严防死守,让将士不断向城下的唐军开炮。那个年代其实也有大炮,不过发射的不是炮弹,只是石头而已。四大发明在中国诞生,真正发挥其长处的却是欧洲人,欧洲用指南针开辟了新大陆,用造纸印刷推动了文艺复兴,又用火药发动了法国大革命。唐军天天被石头砸、弓箭射,但就是攻不进城里,日子一久,士气大减。许多将士就开始打退堂鼓了,纷纷建议李世民,我们还是回家吧,或者去打另外的地方。都已经兵临城下了,李世民怎么可能愿意功亏一篑,生个孩子还要怀胎九月呢,洛阳才打了半年,时间还早,要有打持久战的精神。于是他就说："现在全国各州都已经投降，洛阳已成一座孤城，我们继续打，再加把力，等到他弹尽粮绝，就会出来投降了。胜利那是迟早的事情，我们怎么能半途而废呢？"接着他又诏令军中："不攻下东都，决不退兵！"

将士们离家已久，早已思念故乡，都盼望着早点打完这仗回家见娘子，于是攻势越来越猛了。眼见洛阳就要失守，王世充赶紧派人偷偷溜出城，去河北找窦建德搬救兵。窦建德接到王世充的求救信后，本着"唇亡齿寒"的忧患，打着"助隋退贼"的幌子，亲自带领着三十万大军，水陆并进，去援救就快沦陷的洛阳。因为当时洛阳是大隋的东都，炀帝死后又成为隋王朝的象征，用古人的说法就是"正统"，王世充寄居在大隋的躯壳中割据一方，窦建德去援助王世充，就被意淫成了帮助大隋平定叛贼。可笑的是，窦建德自己就是义军出身，贼喊捉贼。

窦建德出兵的同时又送了一封信给李世民，劝他退兵。李世民当然不愿意了，继续努力攻城。许多将士看到窦建德的大军越来越近，都被吓呆了，纷纷建议李世民折回关中。有个人就出来安抚军心了，他说王世充虽然兵力还强，但是粮草已经快告罄了，如果这时候让窦建德和他会合，用河北的粮食来接济东都，那么我们就必败无疑了。所以，我们现在的当务之急是截住窦建德南下的援军。李世民深以为然，

第五章 折戟沉沙

就让四弟李元吉带兵留在原地继续打王世充，然后自己亲自带着三千多攻击力和防御力都出类拔萃的精兵北上阻止窦建德。

李世民扼守在虎牢关，击退了窦军的好几次进攻后，又派出轻骑兵从小路去包抄敌军，切断了粮道。窦建德被逼急了，不顾手下和妻子的劝阻，下令倾巢出动，进攻李世民的大本营。李世民登上一块高地仔细察看了敌军的阵势，对手下说："窦建德起义以来没有遇到过什么劲敌，所以自以为是常胜之军。从他的阵势就可以看出来他傲慢轻敌，我们只要按兵不动，等到他们虚耗过度、疲惫不堪之时，趁机一举出击，就定能大败敌军。"

窦建德军旅生涯中没有经历过强大对手的磨练，还自作聪明地叫士兵大摆阵势，等着好好收拾一下李世民。

一炷香过去了，两炷香过去了，三炷香又过去了……都烧完了一篓子香了，就算敌人再怎么梳妆打扮也该出来了吧。可是还不见李世民的军队出来，莫非他们在商量投降？这时窦军的将士们大都已经疲惫，出发时走得急，也忘了火头兵，大家的肚子都饿得锣鼓喧天的。李世民见时机已到，就及时下令将士们打起精神突袭敌军大营。

将士们大喊着冲进敌营乱杀，这时窦建德还在和大将们谈论人生，突然听到外面兵戈声大响，还以为是自己的军队在围剿敌人。出来一看,不由地吓出一身冷汗,赶紧指挥骑兵应战。李世民趁敌军后方防御空虚,带领一支小分队绕到敌军军阵后面,插起了大唐的旗帜。敌军将士们看到后就以为唐军已经占领了大本营,再也没有心思恋战了,纷纷扔下兵器逃窜。窦建德也在此役中被俘,失去了和王世充会师的机会。

李世民凯旋归来,就开始专心致志地围攻洛阳了。王世充本来还想死守,这时候将士们就说:"现在夏王已经兵败,我们再留守也无意义了。与其坐以待毙,还不如求个身全。"王世充看到城中粮食所剩无多,也就放弃了坚持,出城投降了。

窦建德被俘后,不久就被杀了。他的部下刘黑闼带着夏国残余势力继续对抗唐军,后来被李世民铲除。

后话:

洛阳是大隋的京都,象征着曾经君临天下的皇权。洛阳一失,就意味着大唐对隋朝的取代。攻陷洛阳,无疑是太原起兵后的一个里程碑。王世充这个盘踞势力被拔掉之后,李世民又开始了向全国的进军。

五、死里逃生

在李世民围攻东都洛阳时,曾发生过两个小插曲。

第五章 折戟沉沙

当时王世充盘踞河南一带,在他的的势力范围内有一个少室山,山中有一寺,名曰"少林寺"。少林寺始建于北魏太和十九年,又名"僧人寺"。当年达摩祖师来到中原普济佛法,于是就在少室山创立了此寺。寺庙地处少室山密林之中,因此而得名"少林"。

众所周知,南北朝大兴佛道,许多人长大后,在面对人生抉择的时候都选择了遁入空门。那时出家的并不都是看破红尘,因为当和尚已经成为了一种流行。南北朝混战,民生多艰,一个男人想要娶到一个老婆是要花大成本的。而世上只有两种人不用担心成家立业的事情,一种是太监,还有一种就是和尚。前者太血腥,少儿不宜,所以老百姓们都偏爱光头。隋文帝杨坚从小在寺庙中长大,对佛陀有一种日久生情的亲近感,他当上皇帝更是力兴佛教,并赐了柏谷坞良田百顷给少林寺,让它发展壮大,弘扬佛法。

此时,少林寺已是中原第一大禅院。

话说李世民围攻王世充,洛阳眼看就要失守了,王世充赶紧向河北夏王窦建德求救。李世民为了阻止窦建德南下会师,亲自带着三千精兵去阻击。这时李世民的四弟齐王李元吉则留守在大本营,继续攻城。王世充趁唐军的进攻稍稍放松之之际,让侄子王仁则去占据了隋文帝赐给少林寺的柏谷坞。柏谷坞地势险要,历来都是兵家必争之地,王仁则以此为依靠，和洛阳的王世充相互呼应，牵制唐军，想要做垂死的挣扎。

炀帝无道，大隋早已丧失民心，而宽怀大度的秦王李世民却深受老百姓的爱戴。这天，少林寺的僧众们一夜未眠，大家商量了一夜，最后终于做出了一个决定——帮助秦王。于是少林寺昙宗等十三位武僧就联合王仁则的手下赵孝宰把王仁则抓了起来，并送到了唐军军营。后来李世民为了感谢这些见义勇为的和尚们，就大赏少林寺。

一直到现在，少林寺还保存着当年李世民颂扬其功德的碑碣《唐太宗赐少林教碑》。这段传奇也被后人演绎成了"十三武僧救秦王"的故事，流传甚远，还被拍成了著名电影。

虽然"十三武僧救秦王"不过是一个"美丽的传说"，但是历史上却有一个人救了李世民两次命，他就是后来被封为大唐开国功臣、画上凌烟阁的尉迟敬德。

尉迟敬德，原名尉迟恭，字敬德。他从小以打铁为业，长大后又靠打人为生，加入了刘武周的一支义军，并被提拔为偏将。刘武周本是李渊麾下的一名将领，后来在宋金刚的建议下叛逃起义，杀了太守王仁恭之后，成了当时隋朝北方最大的割据势力。李渊长安称帝后，就派秦王李世民来讨伐刘武周。

第五章 折戟沉沙

李世民带领大军趁河水结冰之际,顺利渡过黄河,在柏壁扎营,并和绛州的唐军一起围攻宋金刚的军队。后来尉迟敬德和吕崇茂一起夹击唐军,把唐军打得后退了十几里。李渊派人招安了吕崇茂,并让他暗中杀了尉迟敬德。尉迟敬德知道后先发制人,把吕崇茂杀了后又和寻相一起驻军浍州。李世民以兵部尚书殷开山和总管秦叔宝等能征善战之士为大将,截杀了尉迟敬德两千人马。尉迟敬德大败后,和寻相一起被迫弃军而逃。

后来李世民再次派军攻打刘武周,这次战役很快就获胜了,刘武周和宋金刚也在逃亡突厥后被杀。李世民欣赏尉迟敬德的武功,于是就派人去劝降。尉迟敬德后来和寻相一起带着两座城池来投靠了李世民。但是唐军将士却不太喜欢这个"敌军降将",处处排挤他。几个月后,寻相带着一些尉迟敬德的旧部叛变逃跑了,唐军将领于是对尉迟敬德更加怀疑,并把他关押了起来。几天后行台仆射屈突通和尚书殷开山就对李世民说:"尉迟敬德刚开始归附大唐时就心有不甘,后来又被将士们猜忌,怨恨肯定越来越大。此人勇猛非常,留下来恐怕是个大患,不如趁早把他杀了!"胸怀宽广的李世民却说:"我所看到的和你们说的却不一样,敬德要是想要叛变,又为什么在寻相逃跑后他还留在我军呢?"李世民马上下令叫手下释放了尉迟敬德,把他叫到自己的房中,赐给他一些金银财宝，说："大丈夫以义气相交，不因小疑而猜忌。虽然他们都来说你坏话，但是我相信你的为人。我最终还是没有听信小人的谗言而错害忠良，你应该理解我。你要是想留下来，那就尽管留下来吧。你要是想离开的话，随时都可以走。这里有一些财物赠送于你，以表示我俩共事多日之情。"

这件事以后，尉迟敬德对李世民更是感恩戴德，一生为他立下了无数战功。

李世民攻打洛阳之时，有一天亲自带着五百骑兵在阵地上巡逻。密探知道后赶紧回去禀报了王世充，王世充心中大喜，立刻派出一万多步骑兵来突袭李世民。两军马上陷于混战，这时候王世充手下的一员猛将单雄信突然出现在了李世民面前，提起长矛就刺将过来。等李世民反应过来时，矛头已经是离弦之箭了。李世民潜意识地紧闭双眼，束手待毙地等着长矛贯穿自己的血肉。他清晰地感到一股猛烈的风向自己袭来，但是意料之中的剧痛似乎并没有伴随着这股风而产生，突然身后响起一声熟悉的大喝，随即又传来刺耳的金属相交声。秦王睁眼，不禁激动地大喊："敬德！"尉迟敬德从李世民背后跳出来，挺起马槊用力一挑，格回了单雄信刺向李世民的长矛。单雄信再次挥矛，次次矛锋所指都是李世民，尉迟敬德大啸着冲上去，三两槊就把他从马上挑了下来。这时敌军又冲了上来，尉迟敬德握住槊尾猛地一扫，登时就把围攻的将士甩出了丈八远。他大喊："秦王快走！敬德断后。"被刚才那一幕吓懵了的李世民这才回过神来，仓皇地回逃，在尉迟敬德的一路护送下终于突出了重围。突围后李世民又和尉迟敬德带着援兵杀了回来，把敌军吓得慌忙逃奔。

这一战，尉迟敬德的武功之高强可见一斑。

后话：

尉迟敬德虽然是敌军降将，但是李世民却对他深信不疑，展现了自己宽广磊落的胸襟。李世民用人不疑，君子坦荡荡，所以才会有那么多英雄愿意死心塌地地追随他。要是当日真的听信了谗言，杀了尉迟敬德，他也许早就葬身洛阳了。

六、瓦岗之痛

王世充被拔除后，李世民最大的敌人就是起义军中最强大的瓦岗寨了。

话说李密杀了翟让之后，顺理成章地坐上了瓦岗寨的第一把交椅，这时候他望着满目疮痍的江山，心里有种说不出的激动。虽然都是义军，但是李密却不像窦建德和杜伏威那样心甘情愿地割据一块地盘，做一个小霸王。他和李世民一样，都是满腔壮志，意在天下。

李密宏图大业的第一步就是向王世充下手，但是他过于低估了王世充，所以每次都来打洛阳，但每次又都无功而返。这一次，他带着瓦岗主力大军又来了。他一如既往地小看了对手，忘了行军打仗中最重要也是最致命的一条——防御工事。王世充打探到李密军营外没有修建壁垒，不禁哈哈大笑，这不是上天助我么？

这天深夜，城里的老百姓们早已入睡，白天的喧嚣似乎被这漆黑的夜给吞没了，整个洛阳城安静得像死了一样，只有枯槐上的昏鸦偶尔一两声嘶哑的啼鸣，在这死寂的夜里惊起短暂的涟漪。不过还是有扇窗户前独举着微弱的烛光，妇人在灯前温馨地忙碌着，为正在军营中服役的丈夫缝补衣物。突然，对面不远处泛起了点点微光，她看到城门缓缓打开了，吝啬地拉开了一条只能容一个人通过的小缝，一大队人马就从这个小缝中悄然有序出城去了。

这一队人马一共有两百多骑兵，奉王世充之命来到北邙山，并潜伏在山谷里。将士们连夜喂饱了马儿，一起等待着天亮。

不久王世充就带着军队来到李密军前叫阵，李密万万没想到这个每次被自己打得落花流水的手下败将竟然会主动出击，难道他得到了什么大规模杀伤性武器？李密仓皇间赶紧派兵应战，还没来得及布下军阵，就被王世充的突然袭击打了一个措手不及。王世充的手下大多都是江淮人士，一个个剽悍无比，把毫无还手之力的敌军打得一片混乱。以前瓦岗军每次来攻洛阳，王世充都被李密打得狼狈不堪，这次角色互换，王世充心中自然得意，看你还敢不敢来洛阳造次，今日就取了你小命来告慰死去的兄弟们。

很显然，这次王世充的底气是有原因的。两军交战正酣时，王世充拿出了他的"大规模杀伤性武器"。他叫手下把事先准备好的一个和李密长得很像的人捆了出来，大声喊道："已经抓住李密！"不知情的士兵们欢呼雀跃，单纯地以为就这么胜利了。

瓦岗军这边也懵了，将士们丈二和尚摸不着头脑，不知道是该投降呢，还是该继续冲杀。这时候王世充的第二个"神秘武器"又登场了，昨夜埋伏在山谷中的精兵突然冲了出来，直逼李密大营。李密赶紧带着一万多士兵向洛口逃去，还没来得及逃跑的大将张童仁和陈智略后来投降了王世充。

李密真是祸不单行，回到洛口后，留守在这里的长史邴元真又起了叛心。李密进城，邴元真明里喊他大哥，私下却偷偷派人去送信给王世充。狡猾的李密当然对此心知肚明，但是为了不打草惊蛇，也就装着不知道。他想等王世充的军

被低估的时代——隋朝治世

队渡洛水渡到一半时再发动突然袭击，让敌军全部葬身鱼腹。

王世充的聪明就和灵感一样，来得快去得也快。他接到郦元真的密报后，想也没想就下令军队开赴洛口。这次本来是一个重挫王世充的绝好机会。但是时运不济，王世充的军队抵达洛水时，李密先前安排在这里的侦察兵开小差去了，等到他发现时，王世充的军队已经全部渡过洛水了。李密错失良机，心中十分不甘，但是又不敢贸然和敌军正面交锋，于是就带着军队逃奔到虎牢关。王世充来到洛口，看到敌军早已溜之大吉，他心中就更加得意了，心想李密怕自己怕成这样了，这几年的败军生涯总算得到了点心理补偿。后来郦元真献出洛口城，投降了王世充。

李密连连失利，想到自己一世英名竟然毁在这个曾经的手下败将手上，心中左右不是滋味。他想到了当年四面楚歌的楚霸王，顿时起了惺惺相惜之感，也想学霸王挥刀自杀，留下一个千古佳话。这时手下们都来劝解，王伯当像个小孩儿一样抱着李密的大腿嚎啕大哭，竟然哭得晕了过去，这个悲壮的情景无比煽情，大家鼻子一酸也跟着一起大哭。这帮曾经驰骋沙场的铮铮汉子，现在竟然哭得一把鼻涕一把泪的。

李密看到将士们如此重情重义了，也忍不住流起了泪珠儿。人之将死，其言也善。平日里习惯了阴险狠毒的李密，这时脸上却出现了陌生的良善，他动容地说："承蒙各位兄弟不弃，我们一定要保存实力回到关中。我虽然没有立功，但是各位一定能够享受荣华富贵！"

柳燮说："明公和唐国公李渊是李姓同族，曾经又是朋友，你虽然没有追随他，但是你曾经多次攻打洛阳，牵制了隋军，才让他顺利占据了长安，这样说来你也算帮了他大忙了。你现在要是去投奔唐国公，他一定会礼遇你的。"

这席话给李密指出了一条明路，李密轻生的念头马上烟消云散了，但是他又害怕军中有些人反对，就对王伯当说："将军还有妻儿老小，怎么能和我一起去投靠唐军呢？"

王伯当说："当年萧何举家追随汉王，伯当只恨将士们不能全部跟随你，现在又岂能因为你失势而背弃你呢？一切听从你的决定，肝脑涂地，在所不辞！"军中元老都这样说了，众人都纷纷叫好支持。

后来李密带着留下来的两万人投靠了大唐，但是李渊并没有像他预料中的那样优待他们。瓦岗军在城中每天饭都吃不饱，战士都抱怨连连，这时候投靠俨然变成了寄人篱下了。

后话：

李密大意轻敌，让曾经显赫一时的瓦岗大军一夜之间变得支离破碎,最后捡便宜的还是李渊。瓦岗军归附后,李唐就成为这时候天下最大的势力了。

七、李密反唐

李密投唐之后,李渊只封了他一个甚至可以忽略不计的小官员,让他担任光禄卿,虽然被封为上柱国和邢国公,名号听起来很洋气,但只是一个没有油水的虚职而已。李密谋杀翟让,口碑向来不好,朝中的大臣们也大多看不起他,有的大官还隔三岔五地来找他要钱索贿。李密不满这种现状,想要立功来提升自己的地位,于是就向李渊请求去把那些投降王世充的瓦岗军收回来。一来可以邀功,再则可以趁机抱负王世充。但是李密的诡计多端是出了名的,李渊对他终不放心,就叫他把一半的兵马留在城中。

那年冬天,李密就带着一半的军队在寒风肆虐中出关了。不放心的不止李渊一个人,长史张宝德心想李密要是半路上上叛逃了,自己也会因此遭受株连,与其等着降罪,还不如自己先发制人。他在行军的同时就秘密写信给李渊,说李密一定会造反。李渊本来早就怀疑李密有二心,听张宝德这么一说,更是笃信无疑了。他打算马上把李密杀了,但是又怕打草惊蛇会让李密逃跑,于是假意召李密一个人回京,说有新的任务给他。

第五章 折戟沉沙

不过李渊拙劣的演技还是被李密识破了，从投奔唐军后李渊的冷淡，到后来大臣们的排挤，他早就料到会有这一天。李密行军到稠桑时接到了敕书，此时他已经被逼上绝路了，回到朝中只有一死，还不如现在开溜。如李渊所料，李密最后还是反了，不过是被他们逼反的。

现在是箭在弦上，不得不发，李密打算先攻下桃林，抢占一个据点，然后再与李渊对抗。经过王世充一役之后，李密元气大伤，瓦岗军亦非昔日的瓦岗军了，而李渊兵多将广，正有一取天下之势，这时如果起兵，和送死有什么两样？军中的贾闰甫就起来反对，他说："我们应该顺从朝廷的旨意，表示自己的忠诚。"李密根本不听。王伯当也来劝阻："千万不能起事，我们现在归附唐公，尚有存活的机会，要是不自量力地和唐公对抗，只有死路一条！壮士之志，从不会因为生死存亡而改变。你要是真的执意要这样，伯当当然愿意陪你一起死战，但是这样的死又有什么价值呢？"

李密这次是吃了秤砣铁了心，他再也不想在朝中受那样的冤枉气了，于是把送敕书的使者一刀杀了，正式起兵反唐，并按照最初计划的那样来到了桃林县。为了不激起桃林的反抗，他就骗桃林县令说："我奉皇上之命，将要返回长安，现在将家人暂时安置在县府。"县令没有怀疑，就说："邢国公自管随便吩咐，小人一定将您的家眷照顾周到。"

原来女扮男装这种狗血的事在古代还真的有，李密想出一条妙计，叫手下十几个武功高强的勇士在屋中一番梳妆打扮后，扮成女人，头带面纱，把兵器藏在裙子下面，一起混进县府。李密就给县令说这是鄙人的妻妾们，这个县令说来也昏聩，竟然没有发现这十几个粗壮的"女人"与众不同，就这样单纯地引狼入室，让"她们"堂而皇之地住进了县府。

半夜，李密的"妻妾"们像狼人一样在月光下改头换面，拿起刀一涌而出，迅速地占领了县城，到这时县令才恍然大悟，原来中了李密那小人的奸计了。枉我腾出夫人女儿的厢房来让你的妻妾们入住，你却用刀剑伺候我！

正是应了那句话，现在的瓦岗军已非昔日的瓦岗军了。当年瓦岗军每到一处，首先做的事就是开仓济贫；现在李密攻下桃林后，做的第一件事情就是打劫老百姓，抢他们的粮食，夺他们的牲畜。打劫完后，李密就把军队带到了南山，凭借地势的掩护，继续向东进发。他害怕李渊的部队来追杀，又派人去向以前在他手下当过小弟的伊州刺史张善相求救。当时右翊卫将军史万宝在雄州当地方长官，他就对行军总管盛彦师说："李密骁勇善战，曾经带领瓦岗军威震一方，现在又有王伯当帮助他，几乎不可抵挡。"

盛彦师笑道："现在李密是虎落平阳被犬欺，大势已去，随便派出几千人,就可以砍下他的人头来。"

史万宝于是问:"你有何良策吗?"

盛彦师却卖起关子来:"兵法讲究一个'诈'字,我暂时保密。"

到底怎么个"诈"法?盛彦师即刻向史万宝请领了几千士兵,扼守在交通要道上,并让弓箭手埋伏在两边高地,其他士兵则躲在溪谷里,盛彦师传令手下:"等到叛贼李密一到,马上突袭。"

手下们都有些疑惑:"李密正在前往洛州,你叫我们埋伏在这里干嘛?"

盛彦师胸有成竹地说:"李密诡计多端,他对外宣称要去洛州,不过掩人耳目,以他的性格,若是真去洛州,定会秘而不宣。他真正的用意是去樊城投奔张善相,这条山道是通往樊城的必经之路,不久李密定会从此经过,等他一到,我们就在此伏击。而山道狭窄,不利于作战,一定要派出一些人在路口上截住我们,就可以逃脱了,所以我一定要比他们先到,提前埋伏于此。"

果然不出盛彦师所料,李密带领手下如约而至,他到达山口时被早已埋伏在此的人马打得一败涂地。后来盛彦师擒获了李密和王伯当后砍下了他们的头,送到了长安。

一代枭雄,就此惨死。

被低估的时代——隋朝治世

后话：

李密的一生颇富传奇色彩，从那个天方夜谭般的出生，到后来因为杨玄感起义而被株连，再在押解途中逃出生天，投奔瓦岗寨。后来杀翟让，攻洛阳，失势后又在李渊处受尽冷漠，被逼造反。可谓风光一生，可也结局暗淡。

八、江山一统

在我们所熟悉的三大义军和王士充之外，当时还有一个著名的割据势力薛举。作为地方军阀的薛举自称为秦帝，但是他却没有像秦始皇那样一统天下，他的"王国"后来反而被李世民灭了。

薛举去世后，他的儿子薛仁杲即位。

武德元年（618年），唐高祖以李世民为元帅，出兵征讨薛仁杲。于是薛仁杲就派出大将宗罗睺来到唐军营前挑战，宗罗睺连续挑战了好几次，李世民都不出兵，风雨不动安如山。许多将领就耐不住气了请求秦王应战。李世民却回答："我军此前打了一次败仗，士气低下，现在敌军正在得意，等他们轻敌大意之时，我再出战，可以一击即中。"并诏令军中，凡是私自出战的都斩首。

李世民天天坐在营帐中喝茶，就是不发兵，两军就这样一直相持了两个月。

第五章　折戟沉沙

　　两个月后,敌军的粮草告罄,梁胡郎等大将就率领部下投降了。李世民见此时敌军已经人心涣散,就让行军总管梁实在浅水原安营扎寨,引诱敌军袭击。宗罗睺果然中计,带领所有精兵来攻打梁实。梁实深得李世民真传,凭借地势防守,也按兵不动。宗罗睺采用莽夫的打仗方法,看到敌军不发兵后竟没有丝毫疑惑,只管猛烈进攻,不多时全军就已经疲惫。这时候李世民终于出兵了,派出右武侯大将军庞玉在浅水原布下军阵。宗罗睺又集中兵力转而进攻庞玉。庞玉快要招架不住的时候,李世民率军冲了过来。唐军主力赶到,宗罗睺被两边夹击,夺路而逃,李世民正欲追击,大将窦轨却勒马劝阻:"秦王莫追!薛仁杲的城池尚未攻破,我们还是稳重行军,不要轻易进攻。"

　　李世民坚定地说道:"我早已考虑周全,现在敌军大败,正是乘胜追击的绝佳时机,舅舅毋须多言!"说完带兵一直攻到了薛仁杲城下。相持了一段时间后,敌军又有几名大将出来投降,薛仁杲见势不妙,就带领军队在城中死守。

　　后来敌军的许多士兵在半夜的时候纷纷从城墙上爬出来投降到唐军大营,薛仁杲防御日渐虚弱,不久后也出来投降了。

　　打了胜仗后大家都来道贺,问起李世民:"秦王打胜了宗罗睺后,却舍弃了步兵,又无攻城器械,亲自带着两千骑兵直逼城下，众将本以为无法攻克，没想到这么快就胜利了，这是为什么呢？"

李世民就说："宗罗睺军中的将士大多都是陇西人，个个勇猛剽悍，我只是发动突袭才侥幸得胜。这时如果放他回城，经过一段时间的休整后，恢复了元气，等他再出来时就不容易打了。我乘胜追击，他们势必会逃回陇西，城中兵力虚弱，过不了多久薛仁杲自然就会出来投降了。"

众人听了后都纷纷喝彩，无不佩服李世民的远见卓识。

隋末三大义军之一的首领杜伏威横行江南多年，后来被越王杨侗封为楚王，而他的命运，比历史上那个也是靠起义闻名的楚王项羽要"委婉"得多。

昔日秦王李世民攻打中原军阀王士充的同时，也向江南的义军发动进攻，不过这是一种没有硝烟的进攻，一条三寸不烂之舌就是武器，杀人于无形之中。他派出使者去招降杜伏威，使者洋洋洒洒地将当今天下大势分析了一番，叫杜伏威要认清局势，识时务者为俊杰。也许是被那华丽的句子动了，后来杜伏威主动请求了归降。

归降后李渊就授予他东南道行台尚书令、江淮以南安抚大使等高职，并封为吴王，赐给李姓。杜伏威变成了李伏威，一下子从一个强盗头子变成皇族人员，名字出现在宗正寺掌管的皇室家族名册上。他的儿子也"一人得道，鸡犬升天"式地纳官授爵,被封为山羊公。当年带领老百姓造反,说要一起平分天下财宝和良田的那些美丽的诺言也早就被抛到九霄云外。由此看来,所谓的起义,也不过是为了让自己追求富贵的动力听起来更正当一点。

杜伏威归顺李渊之时,把自己苦心经营起来的庞大义军像嫁妆一样也一起带来了,他派麾下两员得力大将陈正通和徐绍宗带着自己的王牌军队和李世民的部队会师了。武德四年(621年),成为了一个职业大臣的杜伏威开始尽人臣之礼,为主上卖命立功。他派将军王雄去讨伐杭州的李子通,抓到他后就立刻献给了李渊。后来又打败了汪华,占领了江淮广大地区。

不久李世民收拾了刘黑闼和徐圆明两个地方军阀,杜伏威开始自危起来。他虽然已经位列唐臣,但是靠造反发家的他骨子里还是一个土匪,看到秦王到处剿匪,他生怕下一个目标就是自己。于是他赶紧去朝拜唐天子李渊,三拜九叩,微臣衷心耿耿啊。李渊看到他听话,就让他留在了京城,担任太子太保一职。

李渊对杜伏威一直以礼相待,为了表示对他的宠爱,还让他的地位比自己的儿子李元吉还高。

杜伏威人生的后半辈子一直衣食无忧,享尽了荣华和高位,他也是三大义军首领中唯一一个得以善终的人。

李世民征战了几年后，全国各地的战火都渐渐被扑灭了。

后话：

隋末大乱后，盗贼四起，军阀林立。李世民劝父起兵太原，接过隋朝的烂尾政权。西据长安，东取洛阳。在灭掉了刘武周、窦建德、王世充、薛仁杲等等军阀势力之后，天下终于又重新回归到了统一。就像金庸先生说的那样，当年庞大的罗马帝国在分崩离析之后分裂的状况一直延续到了现在，而中国历史上的每一次分裂之后又都会最终实现大一统。统一，是泱泱中华始终不变的旋律。

九、退击突厥

突厥当年骚扰隋文帝，被打怕后安静了几十年，又来骚扰隋炀帝，大唐建立后，"前度突厥今又来"。

武德七年（624年），正是秋高气爽的季节，突厥的颉利、突利两位可汗突然带兵进犯中原。唐高祖李渊派秦王李世民带兵去退敌。

这时候偏偏天时不和，关中一带下起大雨，接连下了十几天都还不见停势。雨如此之大，运粮就成了一个纠结在众将士心中的一大问题。又加上长途跋涉，军队早已疲惫不堪，许多兵器也都生锈了，刀剑都变得跟一根铁棒没有任何区别了。朝廷这边知道后也跟着揪心，大臣们都在胡乱担心，这一仗，到底能不能打赢？

行军到圀州的时候，突厥的铁骑突然出现了，李世民赶忙调集军队，布设阵法，准备和敌军开战。

突厥人素以骁勇善战闻名，唐军甫临大敌，心中都十分害怕。

李世民就对四弟李元吉说："眼下突厥进逼，我军士气大减，我们不能示弱，定当一决死战，你愿意和我一起吗？"

李元吉夙闻突厥大军的勇猛，心生恐惧，于是就说："突厥阵势这么强大？我们为什么要去打他们？万一失败了怎么办？"

李世民又说："既然你不敢上阵，那就留在这里吧，我一人独自前往。"他带着骑兵来到突厥大军的军阵前，说："当年义成公主下嫁给启民可汗，你们突厥和我中原之国结为秦晋，约定修睦，现在为什么要背信弃义，经常南下来冒犯我国边境？我就是唐公的二儿子秦王，你们可汗有本事就出来和我比试身手。如果你们的可汗是个胆小之徒，叫大家一起上的话，我就用这一百骑兵与你们决斗。"颉利可汗不知其意，只是像个少女一样笑而不语。

李世民带领骑兵继续前进，并派出一个手下去告诉突利可汗说："我在太原曾派刘文静与你订下盟约，现在你却带兵进攻我大唐，哪里还记得当年的盟约誓言？"突利和颉利一样，也是笑而不答。这两个突厥大汗像得了自闭症似的，不管李世民怎么说，他们就是不开口。

你不回答我算了，谈判不成那就兵戎相见。李世民带着骑兵继续前进，正准备渡过一条小河。这时沉默的颉利终于坐不住了，他听说突利和李世民曾有盟约，于是就怀疑他们暗中勾结，在突厥中火拼这些事经常发生，难道突利想联合他来对付我？颉利派人对李世民说："秦王不必渡河，我来到这里并非冒犯贵国的意思，只是想和你商谈加强盟约的事情。"之后颉利就吩咐将士们退军几里。

这时，关中的那一场雨还没有停。李世民对将领们说："突厥兵的主要兵器就是弓箭，如今雨势越来越大，他们弓箭上粘合筋弦的胶一遇到雨水就会溶化，突厥大军也就像折翅之鸟一样，不能发挥他们的优势。我们汉人住在房屋中，又是吃熟食，兵器坚锐。现在正是进攻他们的大好时机，此时不打，更待何时？"众将都纷纷认可。

这天夜里，李世民带着军队在雨中行军，偷偷到达了突厥阵前，突厥军队看到突然冒出的唐军后惊慌失措。李世民就派人去说服突利，与之续修盟约。后来颉利想要发兵攻打李世民，被突利阻止了。

这场本来将要爆发的战争就这样通过外交手段平息

了，颉利派出突利和他的堂叔前来拜见李世民，请求和亲。突利也和李世民结拜为兄弟，从此以后北疆几十年再无战事。

后话：

李世民没有费一兵一卒，用和谈的方式巧妙解决了北方之患。使得后来的大唐国泰民安，内无叛贼作乱，外无强敌袭扰，保持了长久的和平和安定。

十、太宗登基

从太原起兵，到统一江山，安抚突厥，李世民对大唐可谓功不可没。他宽怀大度，爱民如子，诸多优点集于一身，但是他却有一个天生的弱点——比李建成晚生了几年。在中国古代长子为尊的社会体系里，李世民却无法找到一个合理即位的理由，尽管天下人心都寄望于他。

攻陷洛阳之后，李渊让贵妃们自己去洛阳皇宫挑选隋朝宫女和珍宝。贵妃们却找到李世民索要宝物，还托李世民为自己的亲戚们求个一官半职。李世民虽然胸怀宽广，视金钱如粪土，但是在这大是大非上却绝不开后门。他义正言辞地说："宝物都已经上交给朝廷了，官位的话也是授给有功之士。你们要宝物的话自己去找父皇要，你们的亲朋想当官的话，那就先立下了功劳再来找我！"一副威而不怒的样子。

贵妃们被劈头泼了一瓢冷水，对李世民是又恨又嫉又无可奈何。

　　淮安王李神通因功被李世民赏赐了几十顷良田，宠妃张婕妤的父亲也看上这块宝地，就向李渊索要，李渊就下令把这些田地赐给他。李神通又是个性格耿直的人，明明是我受赐在先，怎么能让给你呢。我是立下大功，才被秦王赏赐的这块田，你张老夫一个靠着裙带关系爬上来的无德无功之人，凭什么和我相争？张婕妤为了帮他父亲夺地，就在李渊面前中伤李世民，说他夺去了皇上赏给她父亲的良田，拿去送给了好朋友李神通。李渊由是大怒，就叫来李世民，滔滔不绝唾沫四溅地把他臭骂了一顿。你也太无法无天了吧？我亲手写的敕令还不如你的一句话吗？几天后，李渊又对左仆射裴寂说："民儿长期在外带兵打仗，又成天和那一帮书生混在一起，他已经变了，不再是从前的那个他了。"

　　李渊对二儿子本来就开始猜忌了，这时候李世民又得罪了一个贵宠尹德妃，这让他在父亲心目中的形象就更差了。尹德妃的父亲尹阿鼠仗着皇亲国戚的地位，把很多人都不放在眼里，欺负老实人就成了他的每日功课之一。有一天秦王的好朋友杜如晦从他门前经过，尹阿鼠的几个家奴就冲上来把他拽下马狂扁了一顿。还打断了他的一根手指头。叫你经过我府不下马，下次遇到了再打。但是尹阿鼠快意过后回过

第五章 折戟沉沙

神儿来,定睛一看,眼前此人不正是秦王府上的宠臣杜如晦吗?他吓得不禁打了一个冷颤,秦王要是在李渊面前告状可怎么办?于是"恶人先告状"这句俗语在尹阿鼠的身上被生动地演绎出来了,他叫女儿去皇上面前诬陷杜如晦。

张婕妤就施展女人的独门杀器,一哭二闹三上吊,一把鼻涕一把泪地对李渊说:"秦王的亲信经常欺负我家人,奴家又恐陛下护子情深,所以一直瞒着不敢讲,独自受委屈。""枕头风"果然厉害,李渊听后又把李世民叫来骂了一顿,说:"朕左右的爱妃家都受你的手下欺负,更何况是黎民百姓!"李世民真是比窦娥还冤,他反复解释,但是李渊就是不入耳。所以,得罪谁都不要得罪女人,尤其是在勾心斗角中摸爬滚打、百炼成钢的后宫女人。李渊也是糊涂,轻信了几个妇人之言。

李世民陪同父亲一起宴饮之时,看到各位妃嫔们,就会经常想起自己早逝的母亲,想着想着就流下泪来。贵妃们就借题发挥,说秦王每次看到她们后就暗自流泪,这是摆明了对她们恨之入骨,一旦皇上千古,秦王就会加害她们,杀得一干二净。这样一来,李渊对李世民就越来越疏远了,转而宠信长子李建成和四子李元吉。

李建成虽然贵为太子,但是声威名望远远不如其弟,李元吉就建议他趁早把李世民杀了,免得成为他日之患。李世民和李渊一起去李元吉的府上时，李元吉就让护军宇文宝埋伏在后房，等时机一到就冲出来刺杀李世民。李建成性格宽厚仁慈，就连忙阻止了他。本自同根生，相煎何太急啊。李元吉恼羞成怒，说："元吉如此所为皆是哥哥，于己有何好处？"

不过本性是可以被后天改变的，李建成渐渐地也开始嫉恨起李世民来。同为父皇的儿子，我还比你早生几年，凭什么老百姓和朝中大臣谈论的都是你，凭什么你就可以带兵帮父亲平定天下，而我却默默无闻。后来李建成让庆州都督杨文干担任东宫的警卫，并叫他暗中募集勇士，送到长安去。

这一年，李渊打算去仁智宫度假，并叫李世民和李元吉一同随驾，而让太子留在长安掌管日常事务。李建成叫李元吉找机会把李世民杀了，他说："事关我的安危和将来，就决定在今年了！"李建成又派使郎将朱焕和校尉桥公把盔甲送给杨文干，却不曾想，此二人后来向李渊告发了李建成想要谋害李世民的计划。

后来李建成赶紧跑到仁智宫去向父亲磕头认罪，由于磕头磕得太认真，竟然将自己弹了起来，差点假戏真做把命都送了。李渊派兵去捉拿杨文干，杨文干狗急跳墙带领军队和朝廷对抗起来。他攻下了宁州，把政府官员和老百姓全部都赶出城去，自己在宁州城中当起了小皇帝。后来李世民的军

第五章 折戟沉沙

队一来,杨文干的手下们就闻风逃跑了。杨文干也在那次混乱中被部下杀了,头颅被送到了长安。

虽然李渊后来原谅了李建成,但是李建成和李世民兄弟两人之间的矛盾却并未就此冰消瓦解,反而愈演愈烈。李建成不断地在李渊面前进谗,不除深得人心的李世民,他就一天睡不安稳。

武德九年(626年)六月间,李世民向李渊告发了李元吉和李建成又想谋杀自己的阴谋。李渊大怒,准备第二天亲自审问。李建成见事情已经败露,就决定先发制人。李世民比他更先,早已收买了玄武门禁卫总领常何,并亲自带着一百多人提前埋伏在玄武门内。李建成和李元吉刚一走进临湖殿就觉察出不对劲,怎么今天宫中如此安静?一个电光火石的念头从他脑中闪过,他赶紧调转马头准备逃跑,此时李世民就带着大队人马冲杀了出来。李建成还没逃出宫门就被李世民一箭射死,李元吉也死在了尉迟敬德的箭下。这就是历史上著名的"玄武门之变"。

杀死李建成和李元吉后,李世民亲自跪在父亲面前认罪,三天后被立为太子。

是年八月,李渊让位,李世民正式登基,成为了唐太宗。

 被低估的时代——隋朝治世

后话：

"玄武门之变"众说纷纭，历来史家对此褒贬不一，但可以肯定的是，李世民即位后是个难得的明君，这样的皇帝是万民之福，而当年玄武门下那场厮杀的真相已经不再那么重要了。李世民登基，隋朝的故事到这里也就结束了，折戟沉沙，风流总被雨打风吹去。然而一个盛世的终结，又迎来了另一个盛世的发轫。